Karin Eichhorn-Thanhoffer · Michael Thanhoffer

ICH MACH'S AUF MEINE ART

Gruppen leiten mit Stil und Stärke – Trainingskompetenz system(at)isch entwickeln

Ökotopia Verlag, Münster

Impressum

AutorInnen: Karin Eichhorn-Thanhoffer
                     Michael Thanhoffer

Titelgestaltung: Christian Moisl

Lektorat: Dagmar Wiltzsch

Satz: Studio Bandur, Idstein-Wörsdorf

ISBN: 3-936286-02-7

1 2 3 4 5 6 7 · 08 07 06 05 04 03 02

Die AutorInnen

Dr. Karin Eichhorn-Thanhoffer
studierte Germanistik, Romanistik und Pädagogik. Sie wechselte nach einigen Jahren des Unterrichtens in die Betriebliche Aus- und Weiterbildung. Ihr aktueller Arbeitsschwerpunkt liegt in der Organisations- und Personalentwicklung.
Besonderes Anliegen ist ihr die Ausgewogenheit zwischen Reflexíon und Handeln im Arbeitsalltag von Führungspersonen.

Dr. Michael Thanhoffer
studierte Sportwissenschaften und Pädagogik. Als Trainer, Berater und Coach arbeitet er an der Integration der Kreativität als Kernkompetenz in berufliche und private Lebensbereiche.

Vorbemerkung

Vieles, was wir in diesem Buch beschrieben haben, entstand in Trainings, Workshops und Beratungs- und Coaching-Gesprächen.
Wir danken allen, die uns ihre Gedanken dazu geschenkt haben.

Wenn Sie uns eine Rückmeldung zu diesem Buch geben wollen oder wenn Sie an einem Training, einem Coaching oder einem Gedankenaustausch zu Themen dieses Buches interessiert sind, freuen wir uns über eine E-Mail oder einen Brief!

Außerdem interessiert es uns, welche Erfahrungen Sie beim Lesen des Buches auf Ihre Art gemacht haben!

Unsere Adresse:

Dr. Karin Eichhorn-Thanhoffer
Dr. Michael Thanhoffer
Büro für Entwicklung, Training & Transfer
Donaufelder Straße 101/2/13

A - 1210 Wien

E-Mail: office@ett.at

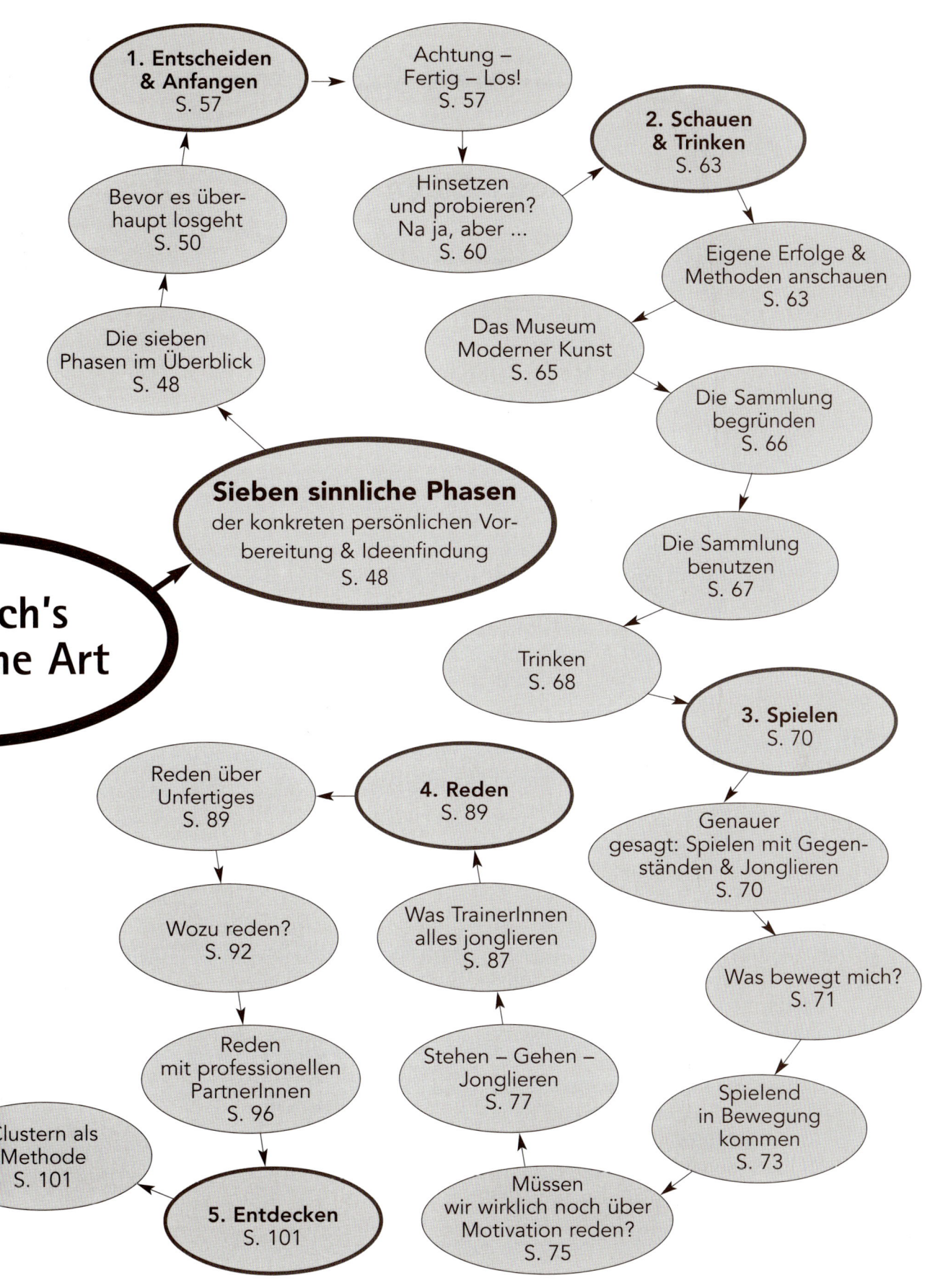

Die Suche nach der Eigen-Art

Sieben sinnliche Phasen

1. Entscheiden & Anfangen

2. Schauen & Trinken

3. Spielen

4. Reden

5. Entdecken

6. Wollen

7. Genießen & Pflegen

So machen wir's

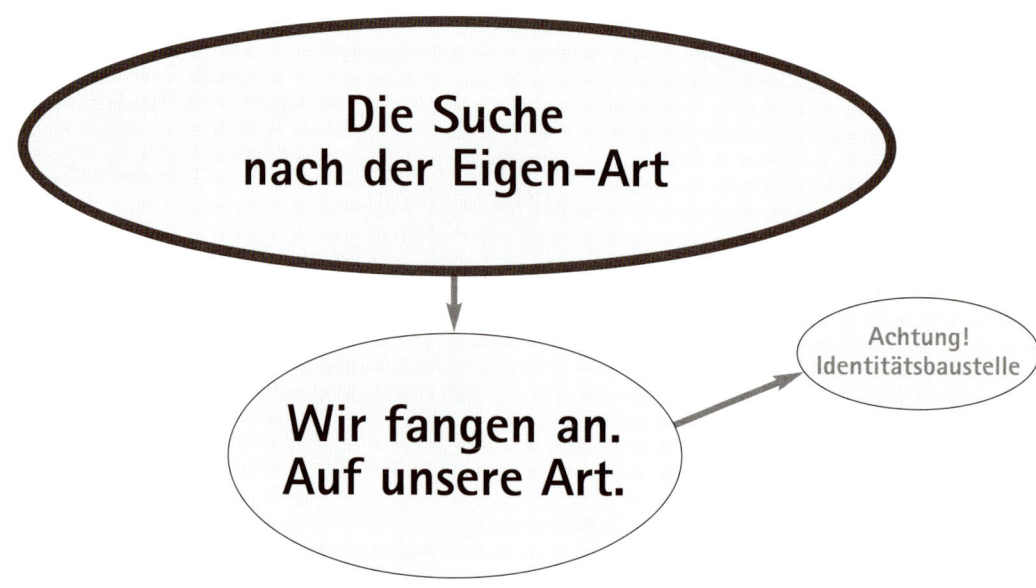

KARIN EICHHORN-THANHOFFER & MICHAEL THANHOFFER

Dieses Buch ist aus einem Training entstanden, das TrainerInnen, TeamleiterInnen und ModeratorInnen in kurzer Zeit einen Überblick über Themen und Arbeiten, die jemand in Angriff nehmen sollte, wenn er oder sie sich an die Arbeit mit Gruppen wagt, geben sollte. Wir hatten dabei ursprünglich eher BerufsanfängerInnen und -einsteigerInnen im Blick, es hat sich jedoch sehr rasch herausgestellt, dass wir mit einigen dieser Themen unser ganzes TrainerInnen- und GruppenleiterInnenleben zu tun haben. Und wir haben Lust bekommen, die Hintergründe dieser Themen sichtbar zu machen.

Wir haben an uns selbst erfahren, dass wir zu unterschiedlichen Zeiten in unserer Arbeit unterschiedliche Aufmerksamkeitsschwerpunkte haben. Manchmal kommt es uns besonders darauf an, dass sich in der Gruppe etwas Neues entwickelt, und dann wieder ist es uns besonders wichtig, dass wir einen bestimmten Gedanken klar vermitteln. Ein anderes Mal geht es uns vor

allem um unsere eigene Modellwirkung. Je nachdem greifen wir jeweils auf unterschiedliche Methoden und Ansätze zurück, zum Teil auch auf ganz einfache und alte, von denen wir schon geglaubt haben, wir würden sie gar nie mehr brauchen, hätten sie hinter uns gelassen und gegen höher entwickelte eingetauscht. Oft sind wir dann überrascht, wie gut die alten Sachen funktionieren.

Was bei allem aber immer gleich geblieben ist, ist unsere Überzeugung, dass es für ein gutes Arbeitsergebnis mit einer Gruppe vor allem wichtig ist, dass sich die Trainerin und der Trainer zuallererst selbst in einem guten Zustand befinden. Und dass sie einen zufrieden stellenden Zugang zu dem Thema, dem Auftrag und der vor ihnen liegenden Arbeit gefunden haben.

Während sich die meiste TrainerInnen-Literatur bisher vor allem mit dem Gestalten der Seminare, Workshops und Gruppenarbeiten beschäftigt, haben wir unseren **Fokus** auf die **Einmaligkeit der Wirkung der GruppenleiterInnen** gelegt.

Wir müssen gar nicht beginnen, uns mit den TeilnehmerInnen, AuftraggeberInnen und den vorhandenen Räumen zu beschäftigen, wenn wir nicht als Erstes unsere aktuelle eigene Position geklärt haben und sehen, was wir dort, wo wir uns gerade befinden, mit den Mitteln, die wir gerade jetzt zur Verfügung haben, ausrichten können.

Was sollen TrainerInnen und GruppenleiterInnen davon haben, dass sie unser Buch lesen?

Es geht hier vor allem um die Möglichkeiten, ein genaueres Bewusstsein davon zu entwickeln, was „mich" in meiner aktuellen professionellen Identität ausmacht. **Wer bin „ich" als Trainer, als Trainerin?** Und dann geht es um die Frage, was meine Position in und gegenüber der Gruppe ist, mit der ich arbeite. Wer bin ich **hier und heute**? In diesem Kontext? Wozu bin ich heute in der Lage und was lasse ich lieber bleiben? Was von dem, was mich besonders stark und wirkungsvoll macht, kann ich aktuell ausspielen; was muss ich heute lieber lassen, weil es vielleicht zu mir selbst gerade nicht passt?

Und da alle diese Fragen nicht erst dann eine Rolle spielen, wenn wir vor der Gruppe stehen, sondern unter Umständen lange davor bewusst und unbewusst von uns entschieden werden, richten wir unsere **Aufmerksamkeit** vor allem **auf die Zeit der *Vorbereitung*** für die Arbeit in der Gruppe.

So wie sich SängerInnen in der Oper vor jeder Vorstellung mehrere Stunden lang einsingen, obwohl sie wissen, welche Rolle sie an diesem Abend zu singen haben, so kommt es auch bei erfahrenen TrainerInnen nicht nur auf die Routine und Erfahrung an, sondern auch darauf, sich für die aktuelle Aufgabe, das nächste bevorstehende Zusammentreffen mit einer Gruppe, in den jeweils besten Zustand zu versetzen.

Da es für jeden Menschen die für seine Eigenart treffendste Methode gibt, den bestmöglichen Zustand herzustellen, werden wir in diesem Buch keine Rezepte von der Art geben, wie Sie sich am besten vorbereiten können und welche Übungen Sie am schnellsten in die optimale Verfassung bringen, sondern wir werden Ihnen Methoden und Wege zeigen, wie Sie genau das für sich entdecken können. Und zwar so, dass Sie sie immer wieder neu anwenden können.

Möglicherweise haben Sie jetzt schon erraten, dass Ihnen dieses Buch **mehr Fragen stellen als Antworten geben** könnte. Auf eine gewisse Art haben Sie damit sicher Recht. Da wir Sie als unsere LeserInnen nicht persönlich kennen, können wir Ihnen auch nicht sagen, was für Sie am besten funktioniert. Und auch wenn wir einander persönlich begegnen würden, wären wir wohl schlecht beraten, Ihnen mit einem allgemeinen Ratschlag zu begegnen.

So, als würden wir uns mit Ihnen unterhalten, werden wir Ihnen in den kommenden Kapiteln von unseren Erfahrungen erzählen und Ihnen viele Fragen stellen. Unsere Hoffnung beim Schreiben bestand darin, dass Sie diese Fragen interessant finden und damit experimentieren werden.

Die Suche nach der Eigen-Art

Sieben sinnliche Phasen

1. Entscheiden & Anfangen

2. Schauen & Trinken

3. Spielen

4. Reden

5. Entdecken

6. Wollen

7. Genießen & Pflegen

So machen wir's

Die Suche nach der Eigen-Art

Sieben sinnliche Phasen

1. Entscheiden & Anfangen

2. Schauen & Trinken

3. Spielen

4. Reden

5. Entdecken

6. Wollen

7. Genießen & Pflegen

So machen wir's

Um darauf aufmerksam zu machen, haben wir immer wieder Absätze mit Fragen in den Text eingefügt. Wir laden Sie damit ein, an diesen Stellen und bei diesen Fragen ein wenig zu verweilen.

Dabei finden wir Ihre Professionalität im gleichen Maß herausfordernd und entgegenkommend: Herausfordernd, weil wir damit rechnen, dass Ihnen einige unserer Gedanken durchaus vertraut sind, und weil wir uns der Auseinandersetzung mit Ihnen daher stellen müssen; entgegenkommend, weil wir damit rechnen, dass Sie als professionelle TrainerInnen, BeraterInnen und ModeratorInnen mit den geschilderten Situationen und den Fragen, die wir aufwerfen, rasch etwas anzufangen wissen.

Zuletzt möchten wir zu Beginn noch einen Hinweis darauf geben, **wie wir Sie in diesem Buch ansprechen werden**.

Sie haben es sicherlich schon bemerkt: Wir können uns nicht zu einer Einheitlichkeit in den grammatikalisch femininen und maskulinen Bezeichnungen für „Trainer", „Gruppenleiterinnen", „Moderatorin" und „Projektleiter" entscheiden.

Wir haben uns daher darauf geeinigt, die Uneinheitlichkeit und die Varianten, die uns aufgrund unserer eigenen Weiblichkeit und Männlichkeit jeweils die nahe Liegenderen erscheinen, beizubehalten. Karin Eichhorn-Thanhoffer verwendet also eher die femininen, Michael Thanhoffer eher die maskulinen Formen. So kommen Frauen und Männer in diesem Buch wie im Leben nebeneinander vor, manchmal gleich, manchmal unterschiedlich verteilt.

Wir haben uns auch entschieden, die Abschnitte mit dem Namen der Autorin bzw. des Autors zu kennzeichnen. Das Ich, dem Sie an manchen Stellen begegnen, ist dann also je nachdem als ein weibliches oder ein männliches identifizierbar.

Wir fangen an. Auf unsere Art. → **Achtung! Identitätsbaustelle** → Ist heute gestern?

KARIN EICHHORN-THANHOFFER

Eines sei unbedingt vorausgeschickt: Wir gehen davon aus, dass es uns nicht immer möglich ist, mit Sicherheit zu sagen, wer wir gerade sind.

Dieses Buch handelt nicht vom Verrückt-Sein, dennoch verrücken wir (sich?) unsere

Identitäten von Zeit zu Zeit. Denn wer wir sind, hängt davon ab, wo wir diesen Satz sagen, es hängt auch davon ab, wer, wenn wir den Satz sagen, gerade in der Nähe ist. Und davon, was wir denken, dass diese anderen Anwesenden von uns denken. Was wir von ihnen halten. Was wir annehmen,

Die Suche nach der Eigen-Art

Sieben sinnliche Phasen

1. Entscheiden & Anfangen

2. Schauen & Trinken

3. Spielen

4. Reden

5. Entdecken

6. Wollen

7. Genießen & Pflegen

So machen wir's

dass in ihrer Gegenwart die beste Variante von uns selbst ist. Und dann hängt es natürlich noch davon ab, was wir glauben tun zu müssen, um uns so zu verhalten, dass wir von den Beobachtern so wahrgenommen werden, wie wir das gern hätten, bzw. wie wir glauben, dass sie es erwarten.

Klingt das für Sie anstrengend? Keine Sorge, es geht ganz leicht und gelingt uns allen in den meisten Fällen recht gut: Ich bin mit mir zufrieden und bekomme von meinem Gegenüber eine Reaktion, die dem entspricht, was ich mir erwartet habe. Die **Konstruktion der Identität** ist uns gelungen – ganz auf unsere spezielle Art.

Mit dem Titel dieses Buches unterstellen wir Ihnen also, dass Sie eine Vermutung darüber haben, was Ihre ganz spezielle Art ausmacht. Und das noch dazu in den verschiedensten Situationen, z. B. in der Arbeit mit verschiedenen Gruppen, vor einem Seminar, bei der Vorbereitung, nach einem Seminar, wenn Sie Ihren Erfolg genießen und so weiter.
Außerdem gehen wir davon aus, dass Sie wissen, wie Sie in der jeweiligen Situation am besten vorgehen sollten, sodass das, was Sie ganz speziell ausmacht, am besten zur Wirkung kommt.
Drittens unterstellen wir, dass es bei Ihnen liegt, sich in einer Weise zu verhalten, die Sie kraft- und wirkungsvoll erscheinen lässt. Und wir behaupten, dass Sie alles das selbst entscheiden und gestalten können.

Viele Menschen fragen sich nun angesichts dieser Behauptung, was denn nun aber den Kern einer Person ausmacht. Denn wenn wir uns mit jeder Situation, mit unterschiedlichem Gegenüber und je nach inne-

rer Lage ständig verändern und neu gestalten, wie sind wir denn dann „wirklich"? Traditionellerweise übersetzen wir das Wort „wirklich" in die synonymen Begriffe „echt", „tatsächlich", „wahr", „ehrlich", „sicher", „stabil". Was bleibt aber von dieser Übersetzung übrig, wenn je nach Situation und Umgebung, je nach Intention und Bedürfnis, etwas anderes wirklich ist? Nicht viel? Und das finden Sie enttäuschend?
Gehen Sie doch mit uns für einen Moment einen Schritt weiter: Es gibt nämlich keinen Grund, sich davon zu verabschieden, „wirklich" als „echt", „tatsächlich", „wahr", „ehrlich", „sicher", „stabil" zu verstehen, wenn wir diese Qualitäten jeweils auf hier und jetzt, auf die bestehende Situation beziehen. Dort sind wir ja „tatsächlich" so, zeigen unsere „echten" Gefühle, handeln nach unseren „ehrlichen" Gedanken und bleiben auch über eine gewisse Zeit „stabil" dabei. So lange wir in einem Kontext bleiben, sind wir „wirklich" so.
Der einzige Gedanke, von dem wir uns verabschieden, ist die Voraussagbarkeit, dass wir in einem anderen Kontext wirklich genau so sein werden wie hier und jetzt.

Eröffnet uns das nicht viel mehr Möglichkeiten? Ich denke, es ist eine wunderbare Sache, dass ich eine kompetente Beraterin sein kann, eine lustvolle Esserin und eine disziplinierte Konzeptentwicklerin, außerdem eine unterstützende Freundin und eine hingebungsfähige Frau. Allerdings ist es so, dass ich nicht alle meine Fähigkeiten überall bis zum Letzten einsetzen muss. Und ich weiß auch, welche meiner Bedürfnisse ich wohin am besten mitnehme, weil sie dort die höchste Chance auf Befriedigung haben. Was mir darüber hinaus Freude macht, ist, dass ich in unterschied-

Die Suche nach der Eigen-Art

Sieben sinnliche Phasen

1. Entscheiden & Anfangen

2. Schauen & Trinken

3. Spielen

4. Reden

5. Entdecken

6. Wollen

7. Genießen & Pflegen

So machen wir's

lichen Weisen gefordert werde und daher mehr als eine Möglichkeit habe, mich zu entwickeln, Neues zu entdecken und zu integrieren. Und nachdem meine Identitäten gegeneinander durchaus durchlässig sind, liegt es nahe, die eine von der anderen profitieren zu lassen. Ich kann nur gewinnen durch meine **verschiedenen inneren Wirk-lichkeiten**.

Ich verfüge über diese verschiedenen Ichs und verwalte sie kompetent und wahrlich ohne große Anstrengung.

Die Suche nach der Wahrheit, nach der einzig richtigen, werden die Menschen wahrscheinlich nie aufgeben, sie wird uns immer wieder beschäftigen wie die Frage nach dem Sinn dessen, was wir tun. Aber wäh-

rend wir nachdenken, sind wir hier vorhanden, in unseren privaten und professionellen Systemen. Da zählt sehr schnell nicht, was wahr ist, sondern das, was funktioniert. Es zählt nicht so sehr die **Wirk-lichkeit** wie die **Wirk-ung**.

Als GruppenleiterInnen, TrainerInnen und BeraterInnen müssen wir entscheiden und gestalten können, wie wir uns in einem konkreten Kontext darstellen, um dort möglichst wirksam im Sinne unseres Ziels zu sein.

Wissen Sie, wie Sie auf Ihre Art am besten **wirk-sam** werden? Erreichen Sie Ihre Ziele durch Ihre **Wirk-ung**? Funktioniert also Ihre Ich-Konstruktion? Wir gratulieren und wünschen weiterhin viel Erfolg auf der Identitätsbaustelle!

Achtung! Identitätsbaustelle

Ist heute gestern?

Ohne Kommunikation geht's doch nicht

MICHAEL THANHOFFER

Sie halten das selbstverständlich für eine banale Frage.
Im Lichte der Überlegungen, wer wir sind und was unsere Art ausmacht (s. o.), ist sie das schon viel weniger.

Sie glauben trotzdem, dass es eine unnötige Frage ist, weil andererseits ja immer alles gleich abläuft, wenn wir es nur oft genug machen? Immer dieselbe Leier?

Ist heute wie gestern?
Gehe ich davon aus, dass heute wie gestern ist, wird vieles sehr einfach. Geradezu maschinell einfach. Wiederholung ist angesagt, möglich und – ökonomisch gedacht – sinnvoll, weil sparsam.
Während es für Maschinen zwischen heute und gestern keinen Unterschied gibt, weil diese Kategorie für Maschinen gar keine Kategorie ist, spielt sie für Menschen sehr wohl eine Rolle. Sie haben schlecht ge-

schlafen, sind frisch verliebt, haben sich für ein neues Ziel entschieden, haben am Morgen keinen Parkplatz gefunden, haben sich bei der Konkurrenz für einen neuen Arbeitsplatz beworben...

Auch wenn es Ihnen nicht anzusehen ist, innen drinnen – d. h. in Ihrem selbstorganisierten und gegen die Umwelt scharf abgegrenzten Menschensystem – ist es heute durchaus anders als gestern.

Wie komme ich nun dahinter, was das Spezielle an heute ist? Wie kann ich meine heutigen Gedanken ent-decken und wahrnehmen? **Heute war noch nie**. Und es stellt sich die Frage nach einem Weg, das Besondere des heutigen Tages herauszufinden. Es kann nicht schaden, wenn wir uns mit ein paar Entdeckungswerkzeugen ausrüsten. Es gibt ein paar Hilfen dafür. „Clustern" ist eine davon. Das stellen wir im zweiten Teil des Buches vor (s. S. 101).

„Ich mach's auf meine Art" beansprucht eine große **Genauigkeit in der Wahrnehmung meiner selbst**. Festzustellen wie ich heute bin, halte ich für einen nicht verzichtbaren Bestandteil, eine grundsätzliche Voraussetzung meiner persönlich-professionellen Kompetenz.

Nur wenn ich genau weiß, wie ich mich aktuell befinde, kann ich absichtlich ein Ziel erreichen. Denn wenn ich mir nicht darüber im Klaren bin, was mir heute zur Verfügung steht an Fähigkeiten und Einstellungen und körperlich-emotionaler und geistiger Potenz, kann ich damit zielgerichtet umgehen. Wenn ich nicht weiß, wie und womit ich etwas erzeuge, bleibt mein Erzeugnis Zufall, unwiederholbar, vorübergehend.

So ist es z. B. nötig, dass ich meine Eigenheiten gut kenne, etwa wann ich müde werde, was mich ärgert, dass ich leicht friere, wie ich auf bestimmte Typen von TeilnehmerInnen reagiere etc. Das hat Einfluss auf meine Befindlichkeit und damit auf meinen professionellen Output.

Ich brauche Aufmerksamkeit für mich als Ganzes. Respekt vor mir selbst. Ich schaue auf mein äußeres Bild, meine Frisur und mein Gesicht (angestrengt, erholt, neugierig, entspannt?) und ich schaue auf meine inneren Befindlichkeiten.

Und ich kann mich entscheiden, wann und womit ich mich wie lange beschäftigen will. Wie passt mein Vorhaben mit meinem heutigen Ich, meinem aktuellen Zustand und dem, was mich gerade beschäftigt, zusammen? Geht mir gerade etwas durch den Kopf, das mich bei meiner bevorstehenden Arbeit mit anderen Menschen stören könnte? In welcher Grund-Stimmung zum Thema bin ich genau jetzt? Passt sie gut dazu oder nicht?

Mit den Arbeiten, die wir zur Vorbereitung auf ein Seminar oder eine andere Gruppenleitungsaufgabe im zweiten Teil des Buches vorschlagen, unter anderem mit der „Cluster-Methode", wird mir meine jeweils aktuelle persönliche Disposition in einer sehr großen Deutlichkeit bewusst.

Ich gewinne dadurch **Wahl- und Entscheidungsmöglichkeiten**:

◆ Womit beschäftige ich mich zuerst?
◆ Was lasse ich in meine Arbeit einfließen?
◆ Wofür fixiere ich einen späteren Zeitpunkt und eine andere Situation?

Ich gewinne auf diese Weise Genauigkeit über mich selbst und über die vielen und gerade im Moment wesentlichen Zusammenhänge zwischen mir, dem Thema und den anderen Personen.

Die Suche nach der Eigen-Art

Sieben sinnliche Phasen

1. Entscheiden & Anfangen

2. Schauen & Trinken

3. Spielen

4. Reden

5. Entdecken

6. Wollen

7. Genießen & Pflegen

So machen wir's

Ist heute gestern?

Ohne Kommunikation geht's doch nicht

Die Bedeutung der Unterschiede

MICHAEL THANHOFFER

Wahrscheinlich ist **Kommunikation** nicht der zentrale Suchbegriff, dessentwegen Sie sich für dieses Buch interessieren. Und wir vermuten auch, dass Sie sich diesem Thema schon häufig und von den verschiedensten Seiten genähert haben: verbal und nonverbal, nachrichtentheoretisch, systemisch, linguistisch und was es da noch so an Annäherungsmöglichkeiten an die Grundlage unserer TrainerInnenarbeit gibt.

Jedenfalls wollten wir aufgrund dieses Vorbehalts – zu allgemein, zu komplex, zu oft schon beschrieben – den Abschnitt über Kommunikation zunächst ganz weglassen. Schließlich möchten wir Sie nicht langweilen.

Andererseits geht es in unserer Arbeit wohl kaum ohne. Daher folgen jetzt ein paar Gedanken zu diesem Thema, ausgehend von einem Wortspiel aus unseren Seminaren. Hier erklären wir Kommunikation manchmal so:

Komm

Es ist geradezu hoch symbolisch, dass „komm" als erstes Element verwendet wird. Kommunikation kann nur dann statt-

finden, wenn jemand da ist, der auf „komm" geschaltet ist. Wie ein Empfangsgerät, das darauf wartet, dass etwas, z. B. eine Nachricht, von außen kommt. Also bei ihm **an-kommt**.

Wäre dieser Jemand statt auf „komm" auf „send" geschaltet, würden zwei Sender senden, würden ihre Nachrichten, ihre Mitteilungen, ihre Liebeswünsche (was auch immer) in die Welt schicken – aber sie würden wirkungslos verhallen.

Unikat

Unikat bedeutet hier nicht „Einzelstück", sondern „**einzigartig**", noch nie da gewesen, vergleichbar zwar mit anderen Unikaten, aber doch in jedem Fall mit einem merkbaren Unterschied. Und dieser Unterschied macht die Menschen aus.

Maschinen funktionieren unter Standardbedingungen praktisch vollständig vorhersehbar. Menschen sind merklich weniger voraussehbar in ihren Reaktionen und Befindlichkeiten. Auch sind sie von außen nicht gezielt einschaltbar. Alles deutet darauf hin, dass Menschen (trotz vieler Gleichheiten) eine ganze Menge Eigenheiten und potenzielle Überraschungen innewohnen, die uns immer wieder geradezu zwingen, sie als Unikate zu sehen.

Dabei begegnet uns ein Wort, das uns später noch mehrmals beschäftigen wird: die **Situation**. Ein Mensch ist umso mehr Unikat, als wir ihn in konkreten Situationen denken: Wahrscheinlich mag er noch einen Kaffee. Er trinkt nachmittags um drei Uhr immer einen Kaffee. Aber wer weiß – vielleicht will er vorher noch diese Berechnung abschließen. Ich frage ihn sicherheitshalber doch...

I

Wie in den allermeisten Fachausdrücken stecken auch in „Kommunikation" fremdsprachige Elemente: „I" für „**Ich**". Einfach und englisch.

I'on

Hier ist eine Kleinigkeit verloren gegangen, wir denken es uns als „I am on", was so viel bedeutet wie „**Ich bin auf Empfang**". Und: „Ich habe deine Wellenlänge eingeschaltet."

KARIN EICHHORN-THANHOFFER

Komm!

In meiner Einsamkeit
Sah ich Dinge sehr klar
Die nicht wahr waren.

ANTONIO MACHADO, SOLEDADES*

In „Komm!" steckt die Bereitschaft, jemand anderen/etwas anderes wahrzunehmen. Bewusst oder unbewusst.

Als TrainerInnen und GruppenleiterInnen ist unser Ziel in der Regel eine bewusste Einstellung zum Empfang, zum Aufnehmen dessen, von dem wir erwarten, dass es passiert und von dem wir möglichst viel mitbekommen wollen. Wir machen aus dieser Wachheit oft auch eine Vorbildhaltung für die, die mit uns arbeiten.

Aufmerksamkeit auf das uns umgebende Kommunikationsgeschehen und die Einla-

---

* Die Zitate, die den folgenden drei Überlegungen voranstehen, habe ich bei Stephen G. Gilligan in seinem Buch „Liebe dich selbst wie deinen Nächsten" gefunden, in einem Kapitel mit dem Titel: „Aufmerksamkeit und die Beziehung zwischen Unterschieden. Umgang mit dem anderen".

Die Suche nach der Eigen-Art

Sieben sinnliche Phasen

1. Entscheiden & Anfangen

2. Schauen & Trinken

3. Spielen

4. Reden

5. Entdecken

6. Wollen

7. Genießen & Pflegen

So machen wir's

dung an die TeilnehmerInnen, ihre inneren Landkarteneinträge für uns kommunikativ wahrnehmbar zu machen, haben einen hohen Wert.

Ich glaube, dass die größten Teile unserer Seminardesigns und Moderationssettings aus solchen „Komm!-Einladungen" bestehen. Und ich frage mich, ob so viele davon nötig sind. Ob wir nicht mehr Platz zum Spielen lassen sollten, zum Entwickeln und auch fürs Zögern. Ob wir es nicht zu gut meinen mit unseren Einladungen. Oder unseren Befürchtungen zu viel Gewicht geben, es würde nichts kommen, wenn wir zu leise „Komm!" rufen.

Ob ich in Zukunft lieber öfter mich selbst einladen und zu mir selbst „**Wart!**" sagen werde?

Unikat

Es gibt zwei Arten von Wahrheiten. Bei der flachen ist das Gegenteil von einer wahren Aussage falsch. In der tieferen ist das Gegenteil von einer wahren Aussage ebenso wahr.

Niels Bohr

Darum, dass es sich bei uns und den anderen um Einzelstücke in jeweils einzigartigen Situationen und Systemverfassungen handelt, dreht sich unser ganzes Buch. Wir haben viel Zeit damit zugebracht, die Einzigartigkeit von TeilnehmerInnen und Gruppen zu überlegen.

„Ich mach's auf meine Art" stellt sich auf eine ganz spezielle Seite dieses Einzigartigkeits-Phänomens. Wir fragen uns: Wie einzigartig kann/darf/muss ich als Grup-

penleiterIn sein, damit mir meine Arbeit gut gelingt? Wobei wir gleichzeitig an einen Begriff von Professionalität stoßen, der uns abverlangt, dass wir, egal unter welchen inneren und äußeren Bedingungen, unsere professionelle Kommunikation immer gleich (gut) im Griff haben.

Wie steht es aber unter diesem Aspekt mit Abweichungen, z. B. mit Verletzungen und Irritationen? Natürlich gehen wir davon aus, dass wir unsere Arbeit beherrschen, aber unter besonderen Bedingungen – eine heranziehende Grippe oder eine besonders kritische Seminarteilnehmerin oder unser Ärger über einen eben kaputt gegangenen Overheadprojektor – unter einer ganz speziellen inneren Bedingung also werden wir unsere Arbeit vermutlich etwas anders tun als sonst.

Kann es sein, dass der Erfolg gerade in einer **einzigartigen (Kommunikations-)Variation** liegt?

I'm on

Eines Tages kam ein Mann auf Ikkyu zu und fragte: „Meister, würdet Ihr mir, bitte, einige Maximen der höheren Weisheit aufschreiben?"
Ikkyu nahm seinen Pinsel zur Hand und schrieb: „Aufmerksamkeit".
„Ist das alles?", fragte der Mann.
Da schrieb Ikkyu: „Aufmerksamkeit, Aufmerksamkeit".
„Also", sagte der Mann, „ich sehe wirklich nicht viel Tiefe in dem, was Ihr da geschrieben habt".
Da schrieb Ikkyu dasselbe Wort dreimal: „Aufmerksamkeit, Aufmerksamkeit, Aufmerksamkeit".

Die Suche nach der Eigen-Art

Sieben sinnliche Phasen

1. Entscheiden & Anfangen

2. Schauen & Trinken

3. Spielen

4. Reden

5. Entdecken

6. Wollen

7. Genießen & Pflegen

So machen wir's

*Leicht verärgert forderte der Mann:
„Was soll das Wort ‚Aufmerksamkeit'
denn heißen?"
Ikkyu antwortete sanft: „Aufmerksamkeit
bedeutet Aufmerksamkeit".*

D. SCHILLER, THE LITTLE ZEN COMPANION

Scharf eingestellter Empfang ist natürlich auch eine Kommunikationsvorschrift, zu der wir nur: „Ja!" sagen können.

Manche von Ihnen haben bestimmt noch ein Radio mit analoger Sendersuche. Mit dem Drehknopf die Senderleiste entlang. Da dauert es oft länger, bis ein Sender wirklich gut zu hören ist. Schließlich sendet er auf mehreren Frequenzen, und Ihr Empfang ist nicht überall gleich gut.

Noch bemerkenswerter finde ich aber, was beim analogen Sendersuchen zwischendurch passiert. Ich komme nämlich auf dem Weg zu dem Sender, den ich suche, an allerhand Interessantem vorbei, das mir oft durchaus, zumindest eine Zeit lang, zuhörenswert erscheint.

Es kann gut sein, dass ich im Seminar oder in einer Projektgruppe auch so eine analoge Sendersuche verwende. Das schadet auch nicht. Bloß unsere Aufmerksamkeit muss größer sein, breiter, tiefer. Und es muss uns auffallen, wenn wir an einer unvorhergesehen interessanten Frequenz plötzlich dranbleiben und sie vorübergehend für die einzig relevante halten. Dabei versäumen wir nämlich anderswo schon einmal den Wetterbericht oder eine Sensationsnachricht.

„I'm on" heißt für uns TrainerInnen **Frequenzbewusstsein** und wache Wahrnehmung der eigenen Aufmerksamkeitslage.

MICHAEL THANHOFFER

1. Die Situation

Im Seminarraum stehen die Tische U-förmig. An jeder Seite ist bequem für vier Personen Platz. Vorne stehen ein Tisch mit einem fahrbaren Stuhl, ein Flipchart und mehrere Pinnwände. Auf den Arbeitsplätzen der TeilnehmerInnen liegt neben vielen Stiften auch eine Menge Papier, teilweise geordnet. Namenskärtchen gibt es keine, weil die Gruppe diesen gemeinsamen Kurs schon vor drei Wochen begonnen hat.

Im Foyer des Hauses waren fünf MitarbeiterInnen während der letzten 40 Minuten damit beschäftigt, alle Ankommenden zu meinem Seminar zu registrieren. Alle kom-

Die Suche nach der Eigen-Art

Sieben sinnliche Phasen

1. Entscheiden & Anfangen

2. Schauen & Trinken

3. Spielen

4. Reden

5. Entdecken

6. Wollen

7. Genießen & Pflegen

So machen wir's

men pünktlich, manche wirken neugierig, einige gespannt.

Der Saal fasst bei dichter Bestuhlung mehr als 300 BesucherInnen, heute sind die Stühle allerdings so gestellt, dass er auch mit 120 Personen einen vollen Eindruck machen wird.

2. Die Lieblinge

 Mit welcher Zielgruppe haben Sie Ihre wichtigsten und meisten Lern- und Arbeitserfahrungen gemacht?

Zur Entwicklung Ihrer eigenen Identität als GruppenleiterIn haben Erfahrungen in vielen verschiedenen Gruppen beigetragen. Im Laufe Ihres persönlichen Entwicklungsweges haben Sie dabei in einer bestimmten Art von Gruppen besonders gute, besonders viele oder besonders wichtige Erfahrungen sammeln können. Und an angenehme Erfahrungen erinnern sich die meisten Menschen besonders gern und oft (manchmal auch zu eher unpassenden Zeitpunkten, wie wir noch sehen werden).

Gehen Sie also einmal auf die Suche nach Ihrer Lieblingszielgruppe!

Holen Sie dieses Bild aus Ihrem persön-

lichen mentalen Schatzkästchen für einige Momente ans Tageslicht, um sich damit respektvoll und neugierig zu beschäftigen.

Bevor Sie sich auf die folgenden Gedanken einlassen, ist vielleicht noch etwas zur **Erklärung unseres Begriffes „Lieblingszielgruppe"** zu sagen. Natürlich könnte es sein, dass Ihre Lieblingszielgruppe die ist, bei der Sie aktuell zum höchsten Honorarsatz arbeiten. Wir gratulieren! Oder die, mit der Sie gerade am aufregendsten Projekt dran sind. Da halten wir die Daumen!

Wir meinen mit Lieblingszielgruppe aber jene, die uns besonders vertraut ist, die wir gut kennen und auf die wir gleichsam blind reagieren können, weil wir sie aufgrund vieler oder langer Erfahrungen ausrechnen können. Wir könnten sie auch soziologisch benennen als „professionelle Sozialisationsumgebung eines Gruppenleiters". Oder landwirtschaftlich als „Stall, aus dem ein Trainer kommt". Wir mögen den Begriff „Lieblingszielgruppe" einfach am liebsten und laden Sie daher ein, ihn in diesem Sinn weiter zu verwenden.

Ist Ihnen Ihre Lieblingszielgruppe schon eingefallen? Dann geht's los:

◆ Welches Alter haben die TeilnehmerInnen?
◆ Besteht die Gruppe aus Frauen, Männern?
◆ Aus Erwachsenen oder Jugendlichen?
◆ Kann oder muss die Gruppe (auch) geschlechtlich gemischt sein?
◆ Wie viele Personen umfasst sie im Idealfall?
◆ Sind die Treffen regelmäßig?
◆ Sind sie häufig oder selten?
◆ Kennen die TeilnehmerInnen einander aus einem gruppenfernen Kontext oder sind sie einander zu Beginn fremd?

Die Suche nach der Eigen-Art

Sieben sinnliche Phasen

1. Entscheiden & Anfangen

2. Schauen & Trinken

3. Spielen

4. Reden

5. Entdecken

6. Wollen

7. Genießen & Pflegen

So machen wir's

◆ Ist der Kontext des Zusammentreffens der Gruppe Freizeit, Schule, Bildung, Arbeit, Sport, Kunst, Religion, Militär, Wirtschaft, Krankheit, Politik, Familie etc.?

◆ Mit welchen Stimmungen und Themen ist die Gruppe hauptsächlich beschäftigt: Sich aufregen, Lust & Liebe, kämpfen, trauern, philosophieren, gesund werden, spielen, protestieren, produzieren, helfen, unterhalten, missionieren, gestalten, Innovationen machen & nützen & verbreiten, jammern, lernen, kooperieren, trainieren & besser werden etc.?

◆ Welche Rolle spielen körperliche Aktivitäten wie Bewegung, Spiel, Sport, Berührung, Tanz, szenisches Darstellen, Essen & Trinken?

◆ Hat diese Gruppe außer Ihnen einen oder mehrere andere GruppenleiterInnen?

◆ Wie begrüßen die Gruppenmitglieder einander und wie begrüßen sie Sie?

◆ Was fordert die Gruppe von Ihnen und was fordern die Mitglieder von einander?

◆ Wie bedankt und verabschiedet sich die Gruppe von Ihnen?

◆ Welche Aufnahmerituale (wenn überhaupt) in die Gruppe gibt es? Mutproben, Witze, Bier, Kämpfe, Leistungen, Körperhaltungen, Verzicht auf bestimmte Stimmungen etc.?

Ich denke, Sie sollten großen Respekt vor Ihren eigenen Erfahrungen mit Ihrer Lieblingszielgruppe haben. Mit einiger Wahrscheinlichkeit wird Ihre Lieblingszielgruppe eine Ihrer ersten wichtigen Gruppen gewesen sein und damit die Basis für viele nachfolgende Erfahrungen.

Ihre Lieblingszielgruppe hat Sie vermutlich auch in der sprachlichen Wolle gefärbt. Die Zugehörigkeit zu einer Gruppe bedeutet immer auch ein großes Stück **sprachlicher Gemeinsamkeit**.

Wenn hier von Gruppe die Rede ist, dann bedeutet das eine Anzahl von Menschen, die gleiche oder gut zusammen passende Tätigkeiten ausführen. Sie kommen dazu einmal, meistens aber öfter und häufig sogar regelmäßig zusammen.
Dabei ist eine der zeitintensivsten und sozial wirksamsten Tätigkeiten, die Gruppenmitglieder miteinander ausführen, das Reden und Tratschen. Ich verwende hier die

beiden Begriffe nebeneinander, um anzuzeigen, dass sowohl formelles Reden als auch informelles Tratschen gemeint sind. Beide sind sozial wichtig. Denn durch die Verwendung von Sprache ergibt sich bereits eine Abgrenzung von anderen Gruppen: Wer anders spricht als wir, der gehört nicht zu uns. Wer bestimmte Worte nicht oder anders verwendet, wird als nicht zu uns gehörig erkannt.

Alle Mitglieder einer Gruppe sind sich in ihrem Sprachverständnis einig. Sie verstehen, wie bestimmte Ausdrücke gemeint sind. Und dabei ist es gar nicht so selten, dass genau das Gegenteil von dem gemeint ist, was gesagt wurde: Gruppenironien wirken besonders verbindend. Wer da nicht mitspielen und auf den ironischen Ton einsteigen kann, hat in der Regel die schlechteren Karten.
Aber nicht nur die Worte werden von den Zugehörigen richtig verstanden, auch Pausen und Schweigen. Der Kontext vom ge-

Die Suche nach der Eigen-Art

Sieben sinnliche Phasen

1. Entscheiden & Anfangen

2. Schauen & Trinken

3. Spielen

4. Reden

5. Entdecken

6. Wollen

7. Genießen & Pflegen

So machen wir's

sagten Wort zur gesamten Situation bestimmt die Bedeutung, und sie ist ausschließlich von den „Eingeweihten", also den Gruppenmitgliedern, mit Sicherheit in ihrer Gesamtheit erfassbar. „Ausschließlich" klingt dabei durchaus absichtlich nach ausschließen.

Zugehörigkeit zur Lieblingszielgruppe (in unserem Fall Zugehörigkeit in einer Leitungsfunktion) beinhaltet und ermöglicht also **Sprache ohne Mühe**. Wir bewegen uns dort wie der sprichwörtliche Fisch im Wasser. Diese Gruppe passt uns wie ein Handschuh und wir kennen Sie wie unsere Westentasche – schon die Tatsache, wie viele Sprachbilder wir für diesen Zustand haben, ist ein Hinweis darauf, wie wichtig er uns offenbar ist.

Sicher sein wie ein Fisch im Wasser, in unserem Element sein, das möchte jeder so oft wie möglich. Das ist klar. Denn die Anstrengung ist da am geringsten, wo wir uns am besten auskennen.

3. Die Suche nach Heimat

Besonders wenn ich mich in Gruppensituationen nicht mehr so richtig auskenne, müde bin, überfordert, wenig motiviert, übel gelaunt, voller Ambivalenzen, einsam und nicht zugehörig, dann sehne ich mich nach meiner Gruppenheimat. Wenn ich dann nicht mehr weiß, was mich in einem so unangenehmen Zustand weiterbringt, dann kann es sein, dass ich mich in die alten Verhaltensweisen, in die gruppenheimatliche Sprache, in dort zugehöriges Tun und Sprechen hineinbegebe, oftmals ohne dass mir das wirklich auffällt.

Leider ist es häufig so, dass mich das Verwenden von Sprache und Verhalten aus einem anderen als dem aktuellen Kontext nicht aus den Schwierigkeiten, die ich gerade habe, herausbringt, sondern sie noch verstärkt.

? Wie muss ich es anstellen, dass ich mich diesem passiven Zurückrutschen nicht ausliefern muss? Zuerst muss ich dazu eingestehen, dass ich mich nicht mehr ganz auskenne. Dass in anderen Gruppen die Situation, mit der ich hier konfrontiert bin, eine bestimmte Bedeutung hätte. Dass ich aber nicht sicher bin, ob diese Bedeutung hier auch zutreffend ist, weil es sich um eine andere Gruppe handelt. Dann kann ich die Gruppe auffordern, mir ihren Eindruck von dem aktuellen Zustand und der herrschenden Situation wiederzugeben. Das ist gleichzeitig eine gute Gelegenheit, die Gruppe über sich selbst nachdenken zu lassen, vielleicht auch darüber, wo sie sich gerade befindet in Relation zu ihren Zielen.

Auf diese Weise wird aus meiner Ratlosigkeit eine gemeinsame Orientierung, in der ich aus der Gruppe Informationen bekomme, was jetzt gerade passendes Verhalten, eine weiterführende Intervention etc. wäre. Ich bleibe also nicht im Ungewissen und kann nur ausprobieren, ob das, was anderswo funktioniert, hier auch geht.

Bergsteiger würden es im Nebel übrigens auch so machen. Die nehmen auch nicht einfach an, dass der Weg so weitergeht, wie sie ihn sich vorstellen, sondern warten, bis die Sicht wieder klar wird. Wobei das Warten im Vergleich zum Weitergehen die viel höhere Disziplin und Kompetenz erfordert.

4. Verirrt

Wenn ich jedoch nicht bemerke, dass ich auf meinem eigenen Weg weitergehe und gerade dabei bin, die anderen zu verlieren, dann passiert das Unangenehme: Ich gehe in die Irre.

Einige von uns haben wahrscheinlich schon einmal einen Trainer erlebt, der in seiner gesamten verbalen wie nonverbalen Ausdrucksweise erkennen lässt, dass er gerade nicht zu den anwesenden TeilnehmerInnen spricht oder mit der konkret vorhandenen Gruppe arbeitet, sondern mit **unsichtbaren Anderen**, die offensichtlich auch eine andere Sprache sprechen. Die Diagnose lautet dann meistens – etwas uncharmant, aber durchaus treffend: Daneben! Nichts passt mehr, weder Sprache noch Metho-den, nicht das Tempo und schon gar nicht die Witze, die er probiert. Bedauerlicher-weise merkt er es selbst nicht oder er kann sich zwischen der aktuellen Gruppe und seiner alten Lieblingszielgruppe nicht mehr gut orientieren. Schade, er hat sich verirrt.

5. Je anders, umso ...

Ein paar Sicherungstipps gibt es jedoch gegen einen solchen Orientierungsverlust. Die meisten davon passieren im Vorhinein. Kartenstudium und Überblick über das Gelände sowie Instandsetzen der eigenen Ausrüstung gehören dazu. Und Einschlagen einiger Wegmarkierungen – inklusive solcher, die zum Zwecke der Rekreation erst später wirksam werden. In der nachstehenden Liste sind sie zusammengefasst:

Je größer die Unterschiede zwischen unserer Lieblingszielgruppe und den aktuellen TeilnehmerInnen (der Gruppe, des Kongresses, der Beratung, des Meetings) sind, **umso...**

◆ wichtiger ist die Klarheit meines eigenen Zieles,

◆ entspannender ist externer Support vor Beginn und möglicherweise sogar, eventuell auf Abruf, während meines Einsatzes,

◆ ausführlicher muss mit einem „Insider-Dolmetscher" ein zumindest Mini-Sprachkurs in nützlichen Spezialbegriffen und zu vermeidenden Un-Wörtern absolviert werden,

◆ klarer und spürbarer muss der Nutzen der aktuellen Tätigkeit für mich selbst sein,

◆ sorgsamer und langsamer stellt sich die eigene Intuition um und ein und braucht daher eine entsprechende Aufwärmphase,

◆ ratsamer und Sicherheit gebender ist schriftliche Vorbereitung,

◆ früher sollten die beiden Belohnungsstunden, die ich mir direkt nach der schwierigen Arbeit im wenig vertrauten Gelände gönnen werde, detailliert fixiert werden (worüber wir im Abschnitt „Belohnung planen", s. S. 33, ausführlicher schreiben),

◆ vergnüglicher ist ein nachfolgendes Gespräch mit meinem Lieblings-Coach. Denn vielleicht finde ich dabei heraus, dass und wie ursprünglich Fremdlinge gerade dabei sind, neue Lieblinge zu werden. Das würde die Zahl meiner zukünftigen Möglichkeiten vergrößern.

Die Suche nach der Eigen-Art

Sieben sinnliche Phasen

1. Entscheiden & Anfangen

2. Schauen & Trinken

3. Spielen

4. Reden

5. Entdecken

6. Wollen

7. Genießen & Pflegen

So machen wir's

Die Suche nach der Eigen-Art

Sieben sinnliche Phasen

1. Entscheiden & Anfangen

2. Schauen & Trinken

3. Spielen

4. Reden

5. Entdecken

6. Wollen

7. Genießen & Pflegen

So machen wir's

6. Wodurch möchte ich berühmt werden?

Nun haben wir wirklich ausführlich der Vorbereitung und der Sicherheit das Wort geredet und ausgeführt, wie wichtig es ist, mit hoher Klarheit über die vorhandene und die eigene Lieblings-Zielgruppe und die Unterschiede zwischen den beiden an die Arbeit zu gehen.

Wir haben uns Zeit genommen, sorgfältig darüber nachzudenken, woher wir selbst kommen, von wo unsere Erfahrungen stammen und was der Unterschied zwischen dort und da ist, damit wir nicht in Fettnäpfchen landen und den geplanten Weg mit unseren GruppenteilnehmerInnen gemeinsam gehen, ohne sie zu verlieren.

Wie sollen wir uns angesichts dieser Überlegungen aber zu jenen KollegInnen stellen, die uns immer wieder versichern: „Ich finde mich in jeder Gruppe zurecht, ich kann mit allen arbeiten"? Und: „Ich komme mit allen gut aus", sowie: „Bisher hab' ich mich noch mit allen zusammengestritten. Manchmal dauert das halt eine Weile, bis wir miteinander warm werden, aber am Ende läuft es immer gut."
Welchen Wert geben wir diesem Anspruch an Mut und Forschheit gegenüber allen Zielgruppen, wer immer sie auch sein mögen?

Die Idee, mit allen Gruppen und Situationen gleich gut zurechtzukommen, hat zugegebenermaßen eine verführerische Attraktivität. Aber sie bringt uns auch zu der Frage, ob wir nicht unsere Gruppe verlieren, wenn wir immer nur bei uns (und bei unserer eigenen Routine) bleiben, womit wir riskieren, den Bedürfnissen derer, mit denen wir arbeiten, nicht gerecht zu werden.

Ich frage mich auch: Wie viel Spaß kann das machen, immer nur meinen Weg durchzubringen? Ist die Bändigung der Gruppe wirklich Herausforderung genug? Ich komme damit zwar zum Ziel, hinterlasse aber eine ratlose, unbefriedigte und im wahrsten Sinn **be-fremdete Gruppe**.

Wie möchten Sie also berühmt werden? Eher wegen Ihrer Umsicht, präzisen Einstellung und treffenden Vorbereitung oder wegen Ihrer Robustheit und Reaktionsstärke in jeder Lage? Eher durch Eleganz oder durch Kraftakte? Mit flexibler Leichtigkeit oder mit stämmigen Steherqualitäten?

Sie entscheiden sich und leiten daraus ab, was Sie an sich selbst mehr entwickeln. Je nachdem werden Sie mehr darauf setzen, sich Ihrer Zielgruppe bewusst zu sein und auf sie einzugehen in Sprache, Verhalten, Auftreten, vielleicht sogar Kleidung, bestimmt in Methoden und Themen. Oder Sie setzen darauf, wegen Ihrer Unverwechselbarkeit berühmt zu werden. Dann trainieren Sie Ihre Hartnäckigkeit.

Wir setzen auf Vorbereitung, das ist klar. Einer Sache sind wir uns dennoch sicher: Trotz aller Vorbereitung auf Ihre Zielgruppe und aller Feineinstellung auf Ihr Publikum bleibt für Verwegenheit angesichts des Unplanbaren noch Bedarf genug.

Die Suche nach der Eigen-Art

Sieben sinnliche Phasen

1. Entscheiden & Anfangen

2. Schauen & Trinken

3. Spielen

4. Reden

5. Entdecken

6. Wollen

7. Genießen & Pflegen

So machen wir's

KARIN EICHHORN-THANHOFFER

Der Magier

Seht, mit wundervoller Bewegung
Zieht der Magier ein Kaninchen aus einem Hut
Aber auch der Kaninchenzüchter
Könnte wundervolle Bewegungen haben.

BERTOLT BRECHT, GESAMMELTE GEDICHTE

Wer von uns würde, vor die Alternative des Gedichts gestellt, ohne Weiteres den **Kaninchenzüchter als Karriereziel** anstreben? Wer würde auf das Rampenlicht, in dem der Magier steht, verzichten wollen? Wer kann sich der Versuchung entziehen, den beiden Berufen ohne innere Werteskala gegenüberzustehen?

Für die eigene Bewertung der Arbeit mit Gruppen spielt neben den handwerklichen und emotionalen Dimensionen (und auch den monetären, da Güte sich möglicherweise auch am Preis ablesen ließe, was zumindest häufig versucht wird) auch die **Dimension Prestige** eine Rolle:

◆ Wie wertvoll und meinen Wert erhöhend ist es, mit dieser Art von Gruppe zu arbeiten?
◆ Sind VorstandsdirektorInnen die besseren Gruppen?
◆ Sind dann PfadfinderInnen bloß zum Einstieg ok?
◆ Und von dort weg hat sich die Karriere stetig nach oben zu entwickeln, um endlich in den hohen Managementetagen zu landen?
◆ Wie bewerten wir unsere Verbundenheit mit einer bestimmten Zielgruppe?
◆ Wie sehr schätzen wir unsere Routine?
◆ Stellen wir uns also vor die Alternative Rampenlicht oder Routine, Feuerwerk oder Handwerk und zwingen uns zu einer Entscheidung?

Diese Begriffspaare deuten fürs Erste an, wie weit gesteckt die Möglichkeiten sind, nach denen ich meine professionelle Karrierezufriedenheit bewerten könnte.
Wenn ich mich nur an den beiden Polen dieser Skala orientierte, kann ich mir selbst eine Falle stellen. Einerseits kann ich mich dazu treiben, nach dem Peter-Prinzip (ich steige so lange auf, bis ich endlich an einer Stelle bin, für die die eigenen Fähigkeiten nicht mehr ausreichen) meinen Ehrgeiz dahingehend auszuleben, so lange am Ziel-

Die Suche nach der Eigen-Art

Sieben sinnliche Phasen

1. Entscheiden & Anfangen

2. Schauen & Trinken

3. Spielen

4. Reden

5. Entdecken

6. Wollen

7. Genießen & Pflegen

So machen wir's

gruppenwechseln zu arbeiten, bis ich zu guter Letzt bei einer gelandet bin, mit der ich wirklich überfordert bin.

Andererseits kann mich das Verharren im Gewohnten langweilen und zur Stagnation führen, womit ich die Lust an meinem Beruf verlieren könnte.

Es geht also in der Tiefe dieses Themas für die meisten von uns mit hoher Wahrscheinlichkeit nicht um eine Entscheidung, die für das ganze professionelle Leben lang gilt, sondern um die Entwicklung der hohen Kunst, beides miteinander zu verbinden: Den Mut, es immer wieder mit einer neuen Gruppe zu versuchen, und die Beständigkeit im Vertrauen auf die eigene, positiv gesehene Routine.

Geradewegs steil nach oben auf den **Karrierestufen des Zielgruppenprestiges** oder tief nach unten in die **Grundfesten der Spezialisierung** sind nur zwei mögliche Richtungen für unseren professionellen Weg. Dazwischen können wir uns immer wieder neu entscheiden, ob wir einmal einen Versuch in einem bisher unbekannten Gebiet wagen wollen oder nochmals im Vertrauten Sicherheitspunkte sammeln.

Für die eigene Zufriedenheit ist eines von grundlegender Wichtigkeit: Dass uns bewusst ist, wo wir uns bewegen, damit wir planen und vorhersehen können, welches Verhalten dort sinnvoll ist und welche Vorkehrungen wir treffen müssen, um zum Erfolg zu kommen. Denn das Arbeiten unter Bedingungen, die uns überfordern oder langweilen und in denen wir die Gruppe befremden oder verlieren, führt uns auf Dauer an die Grenze unserer Möglichkeiten und vor die Frage, ob wir überhaupt noch weiter mit Gruppen arbeiten wollen.

Machen wir uns klar, dass es nicht um Brillanz um jeden Preis geht, auch nicht um prinzipiell anstrengungsfreies Arbeiten. Dazwischen liegt die **Professionalität**, die wir uns wünschen und die in der Qualität planbar wird.

Meisterschaft lässt sich dann so auffassen, dass es uns immer wieder gelingt, in neuen Situationen zu bestehen und in bekannten neue Glanzlichter zu setzen. Auf diese Weise ist es nicht nötig, dass Sie sich für das eine oder andere entscheiden, aber es ist wichtig, dass Sie sich im Klaren sind, wo Sie sich gerade befinden und was dort von Ihnen verlangt wird.

Und Sie sollten auch wissen, was Sie selbst von sich verlangen.

 Welche Erklärungen und Bilder vom Erfolg gelten für Sie? Woran orientieren Sie sich? Wofür geben Sie sich Anerkennung? Wie viel Anstrengung kostet Sie die Befriedigung Ihres Ehrgeizes? Darauf gehen wir in den folgenden Abschnitten näher ein.

Ehrgeiz und was er bedeuten kann

Üblicherweise verstehen wir darunter die Sehnsucht, die eigene Ehre durch das Erreichen von Qualitäten zu sichern, die uns vor anderen auszeichnen. Wir begreifen den Ehrgeiz also in erster Linie als auf uns selbst bezogen, als die Suche nach der Mehrung der eigenen Ehre. Wenn ich „**ehrgeizig**" bin, geizig mit Ehre, als gäbe es davon nur eine begrenzte Menge auf der Welt, dann geht es mir in erster Linie darum, davon möglichst viel auf mein eigenes Haupt zu häufen. Damit bin ich in einer Position fortwährender Kontrolle, die ziemlich anstrengend sein kann und mich ständig unter Spannung hält. Die Kontrolle bezieht sich auch auf die anderen, denen ich in Bezug auf die Ehre eine Nasenlänge voraus sein möchte. Nachdem die aber – in meiner Vorstellung – ebenfalls ständig darauf aus sind, ihrerseits mich zu überholen, muss ich ständig vorwärts, aufwärts. Kaum passiert es, dass ich mich auf einem einmal erreichten Plateau ausruhen könnte. Ausschnaufen, auf den zurückgelegten Weg zurückschauen und die Aussicht genießen. Es bleibt nicht einmal lange genug Zeit, um wieder neue Kräfte zu erwerben. Oder mich zu entscheiden, auf dem erreichten Platz zu bleiben, weil er mir gerade am besten entspricht. Weil ich dort ideale Bedingungen habe, um mein Bestes zu geben.

Nicht die Befriedigung im Erreichen des Ziels ist entscheidend, sondern die Kontrolle meiner Umgebung, in der ich stets die Erste, Beste zu sein anstrebe. Um ehrgeizig sein zu können, muss ich das System um zumindest eine Vergleichsgröße erweitern, da Geiz nur funktioniert, wenn außer mir zumindest noch ein anderer im System ist, dem ich das geizig Begehrte nicht (in dem gleichen Maß wie mir) gönne.

Bewertung von innen und von außen

Die Einladung lautet: Drehen und wenden Sie doch beim nächsten Mal, wenn Ihnen ein Auftrag, eine scheinbar unausweichliche Handlungsnotwendigkeit in den Weg kommt, diese Begriffe: „Sehnsucht" und „Ehrgeiz", „Ziel" und „Ambition".
Der Sinn dieser Übung liegt darin, Sie einen Hinweis dafür entdecken zu lassen, auf welcher Basis und unter welcher angestrebten Wirkungsrichtung Sie Ihre Entscheidungen eher treffen.

Treibt Sie eher die Kategorie der eigenen Zufriedenheit an oder eher die Wirkung nach außen, der Unterschied im Vergleich zu anderen?
Wahrscheinlich werden Sie häufig finden, dass in Ihren inneren Entscheidungsabläufen beide Dimensionen eine Rolle spielen. Wenn das so ist und nicht ständig zugunsten der einen Dimension die andere zurückstehen muss, werden Ihnen beim Arbeiten auch alle Befriedigungsmöglichkeiten zur Verfügung stehen. Sie werden sowohl in Ihrem **internen Bewertungssystem** als auch vor Ihrer **relevanten Öffentlichkeit** wertvolle Arbeit leisten.

Das wird Ihnen vor allem dann gelingen, wenn Sie in beiden Dimensionen realistisch und mit adäquaten Maßstäben messen, also Ziele verfolgen, die Sie auch erreichen können und Außenperspektiven suchen, die auf Ihr Leben spürbare Rückwirkungen haben.
Wenn Sie z. B. bisher vor allem mit Jugendlichen gearbeitet haben, liegt Ihr Maßstab dort und Ihr nächster Schritt kann z. B. eine Erweiterung der Alterszielgruppe oder eine neue Methode sein. Und wenn Ihre Arbeitsumgebung der Non-Profit-Bereich ist, dann kann Ihr nächster befriedigender Schritt die Arbeit mit einem Non-Profit-Management-Team sein.
Nur Sie entscheiden, ob überhaupt und wenn ja, wann Sie einen weiteren Schritt machen. Nur Sie entscheiden, ob Sie Ihre Herausforderung in der Wiederholung oder in der Veränderung suchen. Und wo Sie (gerade jetzt oder generell immer) am besten sein wollen.

Die Suche nach der Eigen-Art

Sieben sinnliche Phasen

1. Entscheiden & Anfangen

2. Schauen & Trinken

3. Spielen

4. Reden

5. Entdecken

6. Wollen

7. Genießen & Pflegen

So machen wir's

Die Suche nach der Eigen-Art

Sieben sinnliche Phasen

1. Entscheiden & Anfangen

2. Schauen & Trinken

3. Spielen

4. Reden

5. Entdecken

6. Wollen

7. Genießen & Pflegen

So machen wir's

Alles können überall?

Berufspäda-gogische Ahnen

Ein Teil der Identitätsbaustelle

Das Thema heißt vor allem T.H.E.M.A. und ich bin heute I.C.H.

MICHAEL THANHOFFER

Sie hängen in den Audienzsälen von KöniglInnen und Galerien von HerrscherInnen. Sie füllen die Wände im Ahnensaal alter Burgen ebenso wie die Wände im Speisezimmer noch lebender Adeliger. Sie sind in Sitzungszimmern jeder Art von Parteizentralen zu finden und in denen nationaler und internationaler Konzerne.

Mindestens eines hängt im Schankraum jedes älteren Landgasthofes und im Chefzimmer der Autowerkstatt, seitdem der Juniorchef seinen Vater in der Chefrolle abgelöst hat. Sie sind unersetzlicher bildhafter Bestandteil jeder historischen Darstellung in Museen, Lehrbüchern und in den Hochglanz-Informationsbroschüren von Unternehmen.

Die Bilder der Ahnen. Edel gerahmt zeigen sie die Menschen, die vor der gegenwärtigen Zeit in dem jeweiligen System eine bedeutende Rolle gespielt haben. Sie dienen als **Beweis langen Daseins** (Symbol von langlebiger Vitalität, Ausdauer und siegreichem Überwinden vieler Schwierigkeiten sowie mannigfaltiger Erfahrungen), sie dienen zur **Deklaration alter Wurzeln**. Sie heben **Zusammengehörigkeiten** hervor und laden zur **Identifikation** ein.

Sie stellen die dargestellten Personen als Vorbilder dar. Kompetente Menschen, von

denen vielerlei Wichtiges zu lernen war, die Orientierungspunkte geboten haben und Hilfe bei der eigenen Entwicklung. Sie waren Menschen, mit denen man sich in ausgewählten Bereichen vergleichen konnte, vor allem deshalb, weil sie etwas taten, was man sich selbst damals gar nicht zutraute oder zwar zutraute, aber noch nicht fertig brachte. Und wenn doch, dann nur mit deutlich mehr Anstrengung und ohne diese schier unerreichbar scheinende Sicherheit und Souveränität. Der Ahnen im System gedenken wir oft im Zusammenhang mit Mut, Risiko, Vertrauen und Sicherheit, die wir in ihrem Gefolge verspüren.

Mit dem folgenden Experiment können Sie ein Bild entwerfen, das Sie wahrscheinlich noch nie gesehen haben, obwohl es wichtige Erfahrungen und Entscheidungen Ihres bisherigen Lebens und Ihrer Berufstätigkeit als TrainerIn/Coach/GruppenleiterIn/ModeratorIn/Führungskraft sehr konzentriert zusammenfasst und darstellt.

Das Experiment ist einerseits methodisch sehr einfach aufgebaut, also das, was wir unter „leicht" verstehen. Und es gelingt Ihnen auch dann gut, wenn Sie sich selbst ein „zeichnerisches Anti-Talent" nennen. Gehen Sie Schritt für Schritt vor und denken Sie notfalls daran, dass das Bild ausschließlich für Sie bestimmt ist. Andererseits beansprucht das Experiment in seiner Abschlussphase eine Portion Energie, die Sie in Genauigkeit investieren. Das Ergebnis wird Sie belohnen.

Experiment: Meine persönlichen Berufsahnen

1 Papier und Rahmen

Besorgen Sie sich ein schönes Stück Papier. Wenn Sie gerne visuell arbeiten, skizzieren, zeichnen, kann es auch ein großes Blatt sein, vielleicht sogar Zeichenkarton.

Auf dieses zeichnen Sie so groß wie möglich einen attraktiven Rahmen. Einen verschnörkelten Rahmen, einen modernen Rahmen – auf jeden Fall einen Rahmen, der eines wertvollen Bildes würdig ist.

In Museen und Ausstellungen hängt meist unter den Gemälden ein Kärtchen, auf dem der Titel des Bildes und der Name des Künstlers zu lesen sind. Analog dazu skizzieren Sie unter den (noch leeren) Rahmen ein Kärtchen, auf das Sie „Meine Berufsahnen" oder „M. T.s Berufsahnen" schreiben (für M. T. setzen Sie natürlich Ihre Initialen oder gleich Ihren Namen ein).

2 Die Figuren kommen ins Bild

Das Blatt liegt vor Ihnen, der Rahmen ist gezeichnet. Unter dem Namen steht schon der Titel des Bildes: „Meine Berufsahnen".

Wahrscheinlich ist Ihnen noch keine Person eingefallen, auf die die Bezeichnung „Berufsahn" passen könnte. Vielleicht denken Sie jetzt im Moment an einen bestimmten Menschen. Gehen Sie davon aus, dass dieser Mensch zu Ihrem Bild gehört.

Um Menschen zu finden, die Sie in diesem Bild skizziert festhalten wollen, lassen Sie Ihre bisherige Berufslaufbahn (oder Ihr Leben) im Zeitraffer an sich vorbeiziehen. Es funktioniert gleich gut, ob zeitlich geordnet oder ungeordnet. Während Ihre inneren Filme an Ihnen vorbeiziehen, sehen Sie den Bilderrahmen mit dem Titel „Meine Berufsahnen" vor sich liegen. Und in den Bildern in Ihrem Kopf wird immer wieder eine Person sichtbar werden, die sich ein wenig von den anderen abhebt, weil sie einfach wichtiger ist.

Dabei können Personen vorkommen, die sehr gut und selbst für einen Fremden im ersten Moment verständlich in den beruflichen Kontext passen, beispielsweise ein Trainer oder ein Ausbilder Ihres letzten Weiterbildungslehrgangs.

Sehr wahrscheinlich sehen Sie aber auch einige andere Personen, die Ihnen eher unerwartet in diese Betrachtungen gekommen zu sein scheinen, weil sie – zumindest vordergründig – mit Ihren Tätigkeiten oder Ihrer Berufsrolle gar nichts zu tun haben. Diese Personen könnten auch schon verstorben sein, als Sie selbst noch sehr jung waren. Vielleicht ist es auch jemand, den Sie gar nicht mehr lebend kennen gelernt haben, aber von dem Ihnen immer wieder oder besonders eindrücklich erzählt wurde. Möglicherweise erkennen Sie einen Menschen, der Ihnen in einem Lebensbereich begegnet ist, den Sie gar nicht gern mit Ihrer Arbeit als TrainerIn in Verbindung bringen möchten. Vielleicht haben Sie dennoch einen Platz für ihn in Ihrem neuen, wachsenden Bild. Schauen Sie einfach einmal nach, wer da kommt.

Die Suche nach der Eigen-Art

Sieben sinnliche Phasen

1. Entscheiden & Anfangen

2. Schauen & Trinken

3. Spielen

4. Reden

5. Entdecken

6. Wollen

7. Genießen & Pflegen

So machen wir's

Skizzieren Sie eine Person nach der anderen in Ihren Rahmen. Ordnen Sie die Personen so an, wie es Ihnen beim Zeichnen am leichtesten fällt.

Wenn für Sie das Zeichnen eine große, ungewohnte Anstrengung bedeutet, verwenden Sie die Technik der dunklen Umrisse: Skizzieren Sie mit wenigen, groben Strichen die Köpfe oder die ganzen Körper der Personen so, als wären sie unklare Schatten in der Nacht, hinter dem Vorhang im Fenster eines etwas entfernten Hauses sichtbar geworden.

3 Die Personen beschriften

Unter jede skizzierte Person schreiben Sie deren Namen oder deren Initialen. Sie schreiben die Namen entweder ins Bild hinein oder in den Rahmen. Sie können auch auf einem zweiten Blatt eine Liste der im Bild erscheinenden Personen schreiben.

4 Jede einzelne Person schriftlich würdigen

Nach dem Zeichnen und Beschriften der Personen kommt jetzt die Würdigung in einem aufgeschriebenen Satz. Beginnen Sie mit einer Person Ihres Berufsahnen-Bildes und schreiben Sie auf ein neues Blatt einen Satz, der in direkter Anrede Ihre Bewunderung ausdrückt. Das, was Sie so beneidenswert gefunden haben oder noch immer beneidenswert finden. Seien Sie genau. Beschreiben Sie ein konkretes Verhalten dieses Menschen, das Sie bestaunt haben (und das Sie sich möglicherweise zum Vorbild genommen haben). Formulieren Sie den Satz, indem Sie sich eine konkrete Situation vorstellen, vielleicht die Situation, die Ihnen vor wenigen Minu-

ten in Ihrem inneren Film vor Augen gekommen ist.

Schreiben Sie zu jeder Ihrer Personen einen Bewunderungssatz und gehen Sie nach Möglichkeit immer nach dem gleichen Muster vor: „Herr K., ich bewundere an Ihnen, wie Sie ...!" Oder: „Ich bewundere an dir, wie du...!"

Bei manchen Personen wird Ihnen ein Satz förmlich auf der Zunge liegen, weil Sie ihn schon öfter gedacht oder sogar schon mit jemand anderem darüber gesprochen haben. Es kann sogar sein, dass Sie dieser Person, an die Sie gerade denken, Ihren Bewunderungssatz schon einmal oder mehrmals gesagt haben. Es können aber durchaus Personen in Ihrem Bild sein, bei denen Sie die Formulierung einigen Aufwand an Nachdenken kostet.

Nach meiner Erfahrungen entsteht durch das Vorhaben, den (gedachten) Satz wirklich aufzuschreiben, bisweilen eine neue Klarheit, die ein bisher weniger bedachtes Detail in den Vordergrund stellt.

 5 Einen neuen, überraschenden und fast unmöglichen Satz aufschreiben

Mag in diesem Experiment für Sie bisher kein überraschender Schritt vorgekommen sein, so könnte das jetzt zum Abschluss passieren. Dieser letzte Schritt kann für Sie sehr leicht sein oder eine Portion Energie beanspruchen, um Sie zufrieden ins Ziel kommen zu lassen.

Im vorangegangenen Schritt haben Sie ein Verhalten von Personen gewürdigt, die vielleicht internationale Berühmtheit erlangt haben oder die ganz außergewöhnliche ExpertInnen in einer sehr spezifischen Nische ihres Berufsfeldes sind oder die einfach durch ihre lange, spezielle Berufs- und besondere Lebenserfahrung etwas ganz Besonderes geworden sind. Vielleicht haben sie mit Schicksalsschlägen oder sehr extremen Lebenssituationen zurecht kommen müssen. Vielleicht haben Sie sie in einer emotional besonders eindrucksvollen Situation kennen gelernt.

Tauschen Sie jetzt mit einem Ihrer Berufsahnen die Rolle. Formulieren Sie dann aus dieser Rolle heraus einen neuen Satz, der in seinem Muster den Sätzen im vorangegangenen Schritt entspricht. Sie haben ein Verhalten bestaunt, beneidet, bewundert, gewürdigt, das die andere Person in Ihr Leben gebracht hat. Vielleicht war es eine Kleinigkeit, aber für Sie hatte es eine sehr große Bedeutung. Sie wollen das aus Ihrem Erfahrungsschatz nicht wegdenken. Diese Person hat eine ganze Menge Kompetenz gesammelt und kann aus ihrer Position heraus auch auf Ihre Arbeit und die Art, wie Sie Aufgaben und Anforderungen bewältigen, blicken. Wohlwollend und anerkennend hebt sie einen Aspekt hervor.

Hier ist es besonders wichtig, die Sätze nicht nur bildhaft zu **sehen** oder sie emotional zu **spüren**, sondern sie sehr genau **in Worte zu fassen** und auf dem Papier fest-zuhalten. Feilen Sie so lange an der Formulierung, bis Sie mit dem geschriebenen Satz wirklich zufrieden sind.

Ihr Satz könnte so beginnen: „Lieber Michael, ich bewundere an dir, dass du …" oder auch: „Weißt du, was mir an dir besonders gefällt? Dass du …" oder, wenn Sie sich mit Ihrem Satz auf eine spezielle Gelegenheit beziehen: „Wie du damals … geschafft hast, das fand ich toll!"

Sie können diesen Schritt gehen, auch wenn es sich bei der Person in Ihrem Bild um jemanden handelt, den Sie nie kennen gelernt haben, weil sie oder er für sie unerreichbar weit weg oder bereits tot war. Sie werden einen Satz dieser Person, die in Ihnen einen wichtigen Platz hat, dennoch in sich entdecken. Suchen Sie gründlich und hören Sie hin!

6 Den Abend genießen

Dieser Schritt ist jetzt aber wirklich einfach. Sie bringen dafür alle nötigen Vorkenntnisse mit: Verbringen Sie eine gute Zeit mit sich und dem Gefühl, dass Sie wissen, woher Sie wichtige professionelle Orientierung beziehen. Und in dem guten Gedanken, dass es an Ihnen auch einiges zu bewundern gibt. Viel Spaß!

Die Suche nach der Eigen-Art

Sieben sinnliche Phasen

1. Entscheiden & Anfangen

2. Schauen & Trinken

3. Spielen

4. Reden

5. Entdecken

6. Wollen

7. Genießen & Pflegen

So machen wir's

Die Suche nach der Eigen-Art

Sieben sinnliche Phasen

1. Entscheiden & Anfangen

2. Schauen & Trinken

3. Spielen

4. Reden

5. Entdecken

6. Wollen

7. Genießen & Pflegen

So machen wir's

Berufspäda-
gogische Ahnen

Das Thema heißt vor allem T.H.E.M.A. und ich bin heute I.C.H.

Über den intensivierten Nutzen von Namen, Überschriften und Abkürzungen

Belohnung
planen

MICHAEL THANHOFFER

Bezeichnungen, Namen, Überschriften sind aus der alltäglichen Berufsroutine einfach nicht wegzudenken. Und wenn alle an einem beruflichen Prozess Beteiligten dieselben Begriffe verwenden, gehen wir in der Regel davon aus, dass auch alle dasselbe darunter verstehen. Und irren uns damit in vielen Fällen.

Hier geht es um das bewusste und professionelle Nutzen von Namen, Abkürzungen und Fachausdrücken aus dem Seminarbereich und um deren erweiterten Einsatz.

Seit Menschen mit Namen bekannt wurden, war dieser **Name zugleich auch ein Programm**, eine Aussage über eine hervorstechende tatsächliche oder erwünschte Eigenschaft der Person.

Die Namen der Indianer sind wahrscheinlich auch Ihnen bekannte und spielerisch-kreative Beispiele, um eine besonders gut ausgeprägte Kompetenz einer Person für alle deutlich sichtbar auszudrücken. Adlerauge oder Großes Herz – dieser Name wurde einem jungen Indianer nur verliehen, wenn die entsprechende Kompetenz in den Augen der entscheidenden Mitglieder seines Stammes vorhanden war. Sein Name wurde dann gleichermaßen Ausdruck einer Kompetenz, Bestätigung ihres

Vorhandenseins, Appell zur weiteren Festigung und Entwicklung des Programms und Ansprechmöglichkeit für alle anderen Personen, diesen Menschen mit dieser Besonderheit zu nutzen.

Für TrainerInnen ist es vielleicht auch heute noch ein kleines und reizvolles Spiel, ihre wichtigste Kompetenz oder hervorstechendste Eigenschaft auf Indianerart auszudrücken. Sind Sie vielleicht „Flinker Filzstift"?

Eine breitere Aussagekraft als „Flinker Filzstift" → „schreibt Plakate mit Leichtigkeit und guter Laune" erreichen Sie, wenn Sie Ihren Namen, die Buchstaben des in sich ja genug sinnvollen Wortes als Abkürzung verstehen: Ihren Namen machen Sie zu Ihrem **N.A.M.E.N.**

L.U.I.S.E. steht dann vielleicht für

L ustvoll

U nkonventionell

I ntellektuell

S tabil

E nergisch

oder für

L iebe

U nd

I rrsinnig

S ensible

E nglischlehrerin

oder ...

Aus Ihrem Seminarthema „Rhetorik" wird eine stark verkürzte Zusammenfassung Ihres gesamten Seminars – kondensiert in acht Begriffen mit den passenden Anfangsbuchstaben, zusammengefasst in der Quasi-Abkürzung R.H.E.T.O.R.I.K.

Sehr wahrscheinlich ist Ihnen diese Methode schon bekannt gewesen und Sie haben sie in Ihren Seminaren auch mit TeilnehmerInnen schon öfters angewendet. In diesem Fall lade ich Sie ein, Ihre Fingerfertigkeit darin noch ein wenig zu steigern, um dieses lernpsychologische Kleinod auch noch für (mindestens) zwei andere Situationen zu nützen:

◆ Stellungnahme zu Ihrer Arbeit und
◆ Verdeutlichung Ihrer aktuellen Befindlichkeit, Ihres heutigen Denkens, Fühlens und Handelns.

Aber zuvor noch einige kurze Gedanken über die Besonderheiten dieser unscheinbaren Methode. Im Zusammenspiel entwickeln sie Dynamik, und die Einfachheit und spielerische Leichtigkeit bleiben dennoch erhalten:

◆ Sie verbindet eine ganze Menge aufs Erste unzusammenhängender Begriffe (Worte) zu einem sinnvollen Ganzen.
◆ Damit können Zuhörende (und/oder -sehende) ihre normale, begrenzte Aufnahme- und kurzzeitige Lernkapazität überschreiten.
◆ Sie finden Begriffe leichter wieder, weil deren Anfangsbuchstaben in einem sinnvollen Oberbegriff gespeichert wurden.
◆ Das große Wort wird in seiner verbindenden Funktion, seiner Überschrift-Funktion, benützt und unterstrichen.
◆ Es können alle Wortarten und alle Sprachen verwendet und auch untereinander gemischt werden.
◆ Die verwendeten Buchstaben können der Anfangsbuchstabe einzelner Wörter, aber auch der Anfang einer Wortgruppe oder eines ganzen Satzes sein.
Durch die besondere Form des Aussprechens – „R" wie „Redewendung", „H" wie „Hören" usw. – kann die daraus entstehende rhythmische Struktur genutzt werden für besseres Behalten oder einfach für gute Laune.

Die Suche nach der Eigen-Art

Sieben sinnliche Phasen

1. Entscheiden & Anfangen

2. Schauen & Trinken

3. Spielen

4. Reden

5. Entdecken

6. Wollen

7. Genießen & Pflegen

So machen wir's

◆ Das bildhafte Denken wird durch die visuelle Vorstellung der Kreuzworträtselform mobilisiert und genutzt.

◆ Die Methode wirkt nicht auf Grund des ersten überraschenden Moments, also weil jemand den Trick noch nicht kennt, und kann deshalb auch mehrmals und in variierten Formen verwendet werden.

◆ Die innere Struktur ist einfach, fast banal. Auch wer sie zum ersten Mal hört (erlebt), versteht sie sofort. Sie kann, ohne dass wir uns methodisch noch einmal vergewissern müssten, sofort selbstständig und sicher benutzt werden.

◆ Sie wirkt spielerisch und kreativ und lässt dennoch ernste und bedeutungsvolle Aussagen in ihrer Wichtigkeit ohne Abstriche stehen.

◆ Sie wendet sich sowohl an rechts- wie an linkshemisphärische Denkmuster.

◆ Sie verstärkt und vergrößert das Gefühl der Zuhörenden, sich auf ihr Kurzzeit-gedächtnis verlassen zu können. Das ist besonders wichtig, wenn sie etwas behalten sollen, das beim Zuhören den Eindruck erweckt: „Das wird ziemlich schwierig sein, wenn ich es mir vollständig merken soll" – ein Umstand, der meist nicht gerne vor sich selbst und anderen zugegeben wird.

◆ Bei der Benutzung der Methode durch die Zuhörenden, also beim Wiederholen der einzelnen Buchstaben mit dem damit gebildeten Wort (z. B. „R" wie „Rede-wendungen gezielt einsetzen") besteht ein deutlicher Druck, in der vorgegebenen Reihenfolge der Buchstaben zu bleiben und nicht das zuerst zu wiederholen, was bei mir als Attraktivstes, Nettestes, Wichtigstes usw. hängen geblieben ist.

◆ Es bremst die Tendenz, gerade die Worte (Begriffe, Sätze) zu vergessen, die ich gerne vergessen möchte, weil sie in irgendeiner Weise unangenehm sind.

◆ Es ist eindeutig zu erkennen, ob die aufgezählten Begriffe vollständig sind. Ein fehlender Begriff wird sofort als fehlend erkannt. Wer zum ursprünglichen Wort „Rhetorik" sieben Worte aufgezählt hat, kann durchaus den Eindruck haben, alles aufgezählt zu haben. Und sich an sieben Worte auf einmal zu erinnern und diese wiederholen zu können, ist ohnedies eine ordentliche Leistung. Bei der Orien-tierung aber an den Buchstaben des Wortes R.H.E.T.O.R.I.K. wird auffallen, dass ein Begriff noch fehlt. Wahrscheinlich wird der Zuhörende diesen sogar finden und ergänzen können.

◆ Im Gegensatz zu einem Inhaltsverzeichnis der bekannten Art, in dem AutorInnen die wichtigen Inhalts-Elemente/Aussagen ihrer Arbeit aufgelistet haben, ermög-licht Ihnen diese Methode, zusätzlich persönliche Aussagen und Positionen auszu-drücken. Die Methode ermöglicht also einen Mix aus sachlicher und persönlicher Information, in der beispielsweise auch Worte/Aussagen über die wahrschein-lichen Prozessqualitäten der Arbeit Platz finden können – wenn Ihnen das ein Anliegen ist. Eine Brücke zwischen Inhalt und Person lässt sich leicht konstruieren. Bestimmte Buchstaben zeigen manchmal eine geradezu verführerische Wirkung in diese Richtung.

◆ Es klingt lebendiger als eine trockene Aufzählung von 1., 2., 3. ...

Einstieg in den Seminartag: Mein Thema und I.C.H. heute

Im Folgenden lesen Sie über die Variationen und Nutzungsmöglichkeiten der Methode vor dem Seminarbeginn und einige reflexionsfördernde Gedanken dazu. Die Methode eignet sich hervorragend zum Aufwärmen am Morgen, noch bevor die Arbeit mit der Gruppe beginnt. Einmal damit vertraut, braucht sie nicht mehr als zehn Minuten Ihrer Zeit.

Ihr Vorteil: Sie machen sich aktiv mit Ihren Gedanken für den Tag bekannt und bereiten sich möglicherweise gleich direkt auf den Einstieg in der Gruppe vor.

1 **Der Rahmen auf dem Papier**
Nehmen Sie ein größeres Blatt Papier, auf das Sie als große Überschrift (hochformatig) oben den Titel Ihres heutigen Seminars oder Seminartages schreiben.

```
          BILANZIERUNG




```

2 **Name und Datum**
Am linken Rand schreiben Sie untereinander wie bei einem Kreuzworträtsel die Buchstaben Ihres Namens und das Datum. Das Datum teilen Sie ebenfalls auf, z. B. in Dienstag; 29; August; 2002.

```
          BILANZIERUNG
K
A
R
L
1.
4.
2002
```

3 **Die heutigen Assoziationen**
Was Ihnen in den Sinn kommt zu den einzelnen Buchstaben und Zahlen, das schreiben Sie an die passende Stelle. Sie können davon ausgehen, dass es in den meisten Fällen eine bunte Mischung aus Fachausdrücken, methodischen Ideen, Appellen, Gefühlen, Sehnsüchten, Banalitäten und geradezu überraschenden „Klein-aber-wichtig-Gedanken" sein wird.
Ihre Befindlichkeit wird ebenso zum Ausdruck kommen wie die fachlichen Inhalte des Seminarthemas, trockene Inhalte ebenso wie stark emotionalisierende, Spezialausdrücke wie prozessbeschreibende

Zeitworte, Ihre aktuelle Position zu den TeilnehmerInnen ebenso wie Freude auf den Pausenkaffee, ein Gedanke an ein noch zu kaufendes Geschenk kann Platz finden neben dem Gedanken „2002 – neu und bisher in Ordnung!"

4 Entscheiden

Sie sehen ein wenig deutlicher als vorher vor sich, wohin Ihre Aufmerksamkeit tendiert, in welcher Weise sich Ihre heutige und gegenwärtige Wirklichkeit in der konkreten Art Ihrer Arbeit mit den TeilnehmerInnen auswirken wird, genauer gesagt auswirken könnte, vorausgesetzt, Sie treffen keine anderen Entscheidungen und Beeinflussungen.

Abschließend entscheiden Sie, was von dieser Liste Sie den TeilnehmerInnen mitteilen wollen. Dass ein Gedanke auf dieser Liste erscheint, heißt ja noch lange nicht, dass er an alle anderen Menschen automatisch weitergegeben werden muss. Dass Sie später im Seminar eine Übersicht über die Themen und Bedeutsamkeiten des Tages geben werden, bedeutet einen Vorteil für die TeilnehmerInnen. Es eröffnet ihnen die Möglichkeit, sich erstens schon früh, bereits am Tagesbeginn, und zweitens absichtlich und bewusst zu informieren und

auf Sie als TrainerIn, ReferentIn etc. einstimmen zu können.

Noch vor dem Seminar entscheiden Sie auch, ob Sie aufgrund einer Ihrer Gedanken eine konkrete Unterstützungs- oder Sicherheitsmaßnahme für den Tagesablauf installieren möchten.

Möglicherweise haben Sie auch konkrete Handlungen entdeckt, die Sie außerhalb des Seminars erledigen sollten oder um deren Erledigung Sie sich kümmern möchten, weil Ihnen das Beruhigung, Erleichterung, Freude, Entlastung, Information für den Tag bringt.

5 Sammeln

Bei einer mehrtägigen Veranstaltung können Sie die Blätter der einzelnen Tage sammeln und als zusätzlichen Input bei abschließenden Reflexionen heranziehen. Sie werden möglicherweise ein wenig erstaunt sein, über die Möglichkeiten der Reflexion und Nacharbeit, die Sie aus dieser Sammlung Ihrer Tages-Blätter herausziehen können. Ganz besonders nach längerer oder anstrengender Seminararbeit haben wir verständlicherweise viele morgendliche Kleinigkeiten aus den Augen verloren.

Anregungen zur weiteren Variation und Verwendung der Methode:
- Welche Worte und interpretierbaren Wortteile sind in dem Wort versteckt? (Beispiel „Thema": them.a.; Beispiel „Michael": M.Ich.ael).
- Übersetzung des Wortes, als wäre es ein Begriff aus einer anderen Sprache (Beispiel „Kurt": frühes Nordnepalesisch für „Der die Blätter ordnet").
- Ungenaue Interpretation des Wortes (Beispiel: „Dr. meth. Michael Thanhoffer").
- Einstiegsübung mit den GruppenteilnehmerInnen: Welche Worte machen *Sie* aus bzw. zu diesen Buchstaben?
- Nach der Demonstration Ihres Kreuzworträtsels: Welches meiner Worte spricht Sie am meisten an?

Die Suche nach der Eigen-Art

Sieben sinnliche Phasen

1. Entscheiden & Anfangen

2. Schauen & Trinken

3. Spielen

4. Reden

5. Entdecken

6. Wollen

7. Genießen & Pflegen

So machen wir's

- Als Tageszusammenfassung durch die einzelnen TeilnehmerInnen fertigt jeder sein eigenes Kreuzworträtsel an. Die Blätter können mit den NachbarInnen besprochen werden. In einer anschließenden Schlussrunde werden die individuellen Antworten/Begriffe genannt und kurz erläutert.
- Abschlussübung mit den GruppenteilnehmerInnen: Gemeinsam mehrere Worte zu jedem Buchstaben sammeln. Welche Worte waren für die Einzelnen wichtig, bemerkenswert, neu, anstrengend? (Das Wesentliche wird noch einmal gesagt, muss aber nicht mehr diskutiert werden.)

Sie entdecken bestimmt noch andere Einsatzformen von T.H.E.M.A. und V.A.R.I.A.T.I.O.N.!

MICHAEL THANHOFFER

Ich sitze an meinem Schreibtisch und sollte anfangen. Und es fällt mir nichts ein. Ein paar Gedanken zu meiner Aufgabe habe ich schon, aber zum Ganzen reicht es noch nicht. Und ich habe auch keine Idee, die das in absehbarer Zeit besser machen würde. Eine unbefriedigende Situation, in der mir ein Seminar schon mühsam erscheint, bevor ich noch mit seiner Vorbereitung angefangen habe.

Ich sitze hier nicht nur vor einem leeren Blatt Papier, sondern auch vor meinen gegenwärtigen ambivalenten Gefühlen, und die sind alles andere als angenehm. Es sieht so aus, als wäre mir einfach gar nichts möglich, nichts erlaubt, was ich tun könnte, damit ich wieder ein deutliches Gefühl von Befriedigung spüren kann. Und wenn mir doch einmal etwas einfällt, was möglich wäre, dann erscheint mir das ungeheuer schwierig. Kaum etwas scheint Erfolg versprechend und aussichtsreich genug. Die Schwelle zum Anfangen **blockiert, irritiert, bremst**.

Sachlich wäre das Problem zu lösen, aber darum geht es eben im Augenblick gerade gar nicht. Es gibt gewisse Vorstellungen, wie es weitergehen sollte, aber genau das funktioniert nicht. Das, wie es weitergeht, beginnt einfach nicht. Steht. Bestenfalls tritt es auf der Stelle.

Soll ich die Arbeit also doch noch ein wenig aufschieben...? Ich könnte in der Zwischenzeit nämlich etwas anderes tun...

33

Die befriedigende Belohnung planen – Mein innerer Dialog

Okay, ich werde jetzt anschließend mit einer notwendigen, aber vielleicht auch unangenehmen, mühsamen oder was auch immer Arbeit beginnen. Diese Tätigkeit wird mich, meine Aufmerksamkeit, meine Energie für einige Zeit in Anspruch nehmen. Ich will das tun, weil ich mich dazu entschlossen habe und der Nutzen der Arbeit klar ist.

Für diese Zeit brauche ich möglichst viel meiner Aufmerksamkeit und meiner mentalen Möglichkeiten. Für meine Kreativität brauche ich auch die Bereiche in mir, die sich im Moment wehren. Diesen inneren MitarbeiterInnen, die jetzt – was ja okay ist – noch ganz andere Interessen haben und sich nicht sicher sind, ob und wann sie wieder zum Zug kommen, mache ich ein verbindliches Angebot.

Also, ich frage euch (vulgo: mich), was ihr möchtet, dass nachher passiert, damit ihr mich jetzt anfangen lasst mit der geplanten Arbeit. Wir werden das dann so vorbereiten und fixieren, dass es zum vereinbarten Zeitpunkt auch sicher passiert. Wenn beispielsweise „Kino" gewünscht wird, werde ich in der Zeitung nachschauen, wo der Wunschfilm heute gespielt wird und wann die Vorstellungen beginnen. Dann werde ich Karin anrufen und sie fragen, ob sie Zeit hat und mitkommen möchte. Dann rufe ich noch im Kino an und reserviere zwei Karten.
Wenn aber beispielsweise etwas in dieser Art gewünscht wird: „Aber nur längstens eine Stunde am Computer arbeiten und dann einen Kaffee", dann stelle ich jetzt den Wecker auf 60 Minuten und lege die Münze für den Kaffeeautomaten bereit.

Was sagt ihr dazu? Ich höre!

Okay. Danke. Dann fange ich jetzt also an.

Mit dieser Gedanken-Aktivität können Sie gleichzeitig sehr wohlwollend und konsequent zu sich selbst sein. In einer persönlichen, einzigartigen Art und Weise. Sie entwickeln nach und nach eine große Verbindlichkeit zu sich selbst, die darauf aufgebaut ist, Ihre Einzigartigkeit zu nützen, Energien in unangenehmen Situationen bereitzustellen, Aufgaben zu bewältigen, in diesem Fall den ersten Schritt zu ermöglichen.

Freilich ist es ein Trick, ein **Tausch-Trick**. An Stelle von A tricksen Sie B. A und B tauschen ihre Plätze. Der Platzwechsel von A und B sieht unspektakulär aus, ändert den dramatischen Ablauf der Szene aber ganz erheblich und eröffnet neue Möglichkeiten.

Sie wenden den Trick an, um etwas zu erreichen. Wenn Sie den Trick so richtig und so konsequent bei sich selbst anwenden wie bei Ihren TeilnehmerInnen im Seminar, wird er ebenso wirksam funktionieren. Aber da Sie den Trick kennen, können Sie ihn nicht an Ihrer eigenen bewussten Kontrolle vorbei anwenden. Was im Übrigen gar nicht notwendig wäre, weil Sie ja nicht gegen die bewusste Kontrolle, sondern mit ihrer kooperativen Unterstützung arbeiten. Der Trick wird funktionieren. Sie gehen tatsächlich die ersten Schritte der immer wieder aufgeschobenen Arbeit. Sie genießen die geplante Belohnung und erleben dabei höchstwahrscheinlich stärker Ihren Anteil persönlicher Befriedigung als den Aspekt Lohn, der in der „Be-lohn-ung" steckt.

Dabei könnten Sie möglicherweise feststellen, dass dieser Trick Sie Qualitäten an sich selbst spüren lässt, von denen manchmal oder in erster Linie nur Ihre TeilnehmerInnen profitieren: Verbindlichkeit von Zusagen, realistische Einschätzung von Möglichkeiten, Fairness zwischen Vertragspartnern, befriedigende Lösungsorientierung in Kollisionen und Ambivalenzen, Beachtung kleiner Entwicklungsschritte, Konsequenz, Respekt, Wohlwollen, Direktheit in der Kommunikation, Rücksichtnahme, Leistungsfreude ohne Gewalt, Arbeiten auf dem Boden realer und realistischer Möglichkeiten und Lebenslust.

Es gibt Zeiten, da produziert dieses Spiel – für mich ist es oft ein wunderschönes Spiel – erst Aufregung und dann großen Spaß, und ich bin selbst neugierig, was ich mir für danach wünsche.

Zwei weitere Aspekte dieser Situation möchte ich noch beleuchten. Professionelle Planung inkludiert das **Festsetzen des richtigen Zeitpunkts** und die **Kalkulation der Energie**, die investiert werden muss. Zwei Prinzipien, die im persönlichen Bereich so gut wie nie berücksichtigt werden.

Tatsächlich hängt die Wahrscheinlichkeit, nach einer Anstrengung zu bekommen, was mir gut täte, ja auch davon ab, ab welchem Zeitpunkt ich mich für die Realisierung meines Wunsches eingesetzt habe. Spontane Wünsche werden meistens nicht ebenso spontan erfüllt. Für die Realisierung (be-)lohnender Vorhaben genügt Spontaneität allein oft nicht, sie müssen geplant werden: Theaterkarten kaufen, einen Tisch im Restaurant reservieren etc.

Am Ende der Arbeit, besonders wenn sie sehr beanspruchend und Kräfte raubend war, fehlt mir bisweilen die Energie, mich darum zu kümmern, was mir jetzt gut täte. Die Organisation von Belohnung passiert also besser *vorher*, wenn ich noch ausreichend Kraft dazu habe.

Die Suche nach der Eigen-Art

Sieben sinnliche Phasen

1. Entscheiden & Anfangen

2. Schauen & Trinken

3. Spielen

4. Reden

5. Entdecken

6. Wollen

7. Genießen & Pflegen

So machen wir's

Die Suche nach der Eigen-Art

Sieben sinnliche Phasen

1. Entscheiden & Anfangen

2. Schauen & Trinken

3. Spielen

4. Reden

5. Entdecken

6. Wollen

7. Genießen & Pflegen

So machen wir's

Fazit: Großmutters Sprichwort „Erst die Arbeit, dann das Spiel!" stimmt und stimmt doch nicht. Denn hier fehlt ein Zeitwort. Dem flotten Rhythmus wurde die Klarheit geopfert, was denn nun eigentlich zu tun sei: Erst das Spiel organisieren. Dann die Arbeit erledigen. Dann spielen.

Die meisten Menschen können sich durchaus und mit vertretbarem Energieaufwand zuerst an die Arbeit machen und nach erfolgreichem Abschluss der befriedigenden Zufriedenheit mit dem Geleisteten hingeben. Und sie würden sich noch sehr viel leichter dabei tun, wenn sie die – notwendigen – Vorbereitungen für den lohnenden Abschluss schon vor Beginn der Arbeit gestartet hätten.

Befriedigung und Belohnung aus der Gruppe

Das Seminar geht dem Ende zu und TrainerIn wie TeilnehmerInnen sind durchaus voll beschäftigt mit den Aufgaben und Eindrücken, die jede aktuelle Abschlusssituation jeweils neu mit sich bringt. Sachliche Themen, eigene Befindlichkeit und die Arbeit am Beziehungsnetz passieren oft in einem dicht verwobenen Knäuel. Und dieser Knäuel liegt allzu oft leider auch in vielen Händen, die aus wachsender Zeitnot mit ebenso wachsender Nervosität und Hektik (re-)agieren.

Anders als für Anfangs- und Einstiegssituationen, für die es schon lange eine Fülle verschiedenartiger Publikationen mit sehr brauchbaren Methoden und Werkzeugen für die speziellsten Gruppen gibt, wurde das Angebot an methodischen Hilfen für Abschluss- und Ausstiegssituationen erst in

den letzten Jahren ein wenig stärker entwickelt.

Als TrainerIn legen Sie wahrscheinlich Ihr Hauptaugenmerk auf zwei Themen:
◆ **Starke Wirkung:** Weit reichender und nachhaltiger Transfer in den Alltag der TeilnehmerInnen.
◆ **Leichter Abschied:** Bewusstes Beenden der gemeinsamen Interaktionsstrukturen und Distanzierung aller Personen voneinander.

In beiden Themen liegt ein Aspekt verborgen, der selten direkt beachtet wird:
◆ **Persönliche Befriedigung:** Gute Gefühle und Gedanken über die eigene (Trainer-)Person, Wichtigkeit, Identität, Ziele, Sinn, Leistung, Erfolg ...

 Was befriedigt Sie am Ende einer Arbeit mit einer Gruppe? Was ist Ihre ganz persönliche Art befriedigender Belohnung?
Welche spezifischen Aspekte machen die Situation für Sie befriedigend?
Passen Ihre Vorstellungen mit der realen Veranstaltung und den angestrebten Zielen überhaupt zueinander?

Um sich in diesem Fragenfeld leichter und klarer orientieren zu können, bieten wir Ihnen hier einige Bilder an, mit denen Sie Ihr Seminar und Ihre TeilnehmerInnen, Ihre Arbeit bzw. die entsprechende Abschlusssituation in ihrer Ganzheit vergleichen können:

Ernte I Ende eines kontinuierlichen, konsequenten Wachstumsprozesses, Mitnehmen von Produkten mit Energie für späteren Gebrauch, Reifephase, Abfälle von Nahrhaftem getrennt, der Erfahrene weiß, was ihm gut tut, satt.

Operation Ende einer schmerzhaften Intervention, geheilt, aber pflege- und betreuungsbedürftig, rekonvaleszent, voller Hoffnung, kaum beweglich, alles für daheim genau planen und aufschreiben, Rehabilitation steht noch bevor, müde.

Wettkampf Kraftakte, hohes Tempo, Durchhalten, Kämpfen, Anstrengung und Spannung bis zum letzten Moment, lauter und langer Applaus, Siegesfeier, Pokal, Prämie, Muskelkater und Glücksgefühl, entspannen, duschen, nicht denken wollen, es noch gar nicht fassen können, Durcheinander von Gefühlen, wenige, aber dafür oft wiederholte Worte/Phrasen/Gedanken, ausgelaugt, teilweise zufrieden.

Jagd Warten, überlegen, zittern bis zum letzten Moment, Ende einer Ungewissheit, punktgenau, jetzt kommt das große Mahl, ausgelassene und überschwängliche Stimmung, laut, einfach, kräftig, besser.

Premiere Fertiges, ersehntes, attraktives Produkt, tosender Applaus, überzeugende Wirkung, Produktionsereignisse liegen zurück und können besprochen werden, feierlich, alle schwimmen auf derselben Welle, Genuss, Stolz, Freude, Traum der schönen Zukunft, glücklich.

Ernte II Zeitpunkt liegt lange vor dem eigentlichen Fertigsein, hat noch etliches an Reifephase vor sich, da muss noch sehr viel getan werden, um das genießen zu können, Unreifes und Unvollständiges im Augenblick noch ungenießbar, nur der Experte weiß oder ahnt, was später je nach Beeinflussung daraus werden könnte, man muss sich gut auskennen oder sehr gelassen sein, um zufrieden sein zu können, den eigentlichen, also den öffentlich anerkannten – den großen – Erfolg sahnen andere ab, Weintraube – Gärung – Wein, noch grün statt süß, grob und holprig statt harmonisch, absichtlich statt integriert, zu tief oder zu oberflächlich.

Es liegt auf der Hand, dass verschiedene Veranstaltungstypen (Seminar, Konfliktmoderation, Firmenjubiläum etc.) und Themen oder Aufgabenstellungen jeweils andere Schlusssituationen hervorbringen bzw. naturgemäß nahe legen.

Zu jeder dieser Metaphern steht den TeilnehmerInnen eine durchaus eingeschränkte Auswahl an plausiblen, zu erwartenden Verhaltensweisen offen:

Was TeilnehmerInnen alles tun könnten:

◆ Applaus
◆ Lange Sätze mit ausführlichen Berichten über Gedanken, Emotionen, Erlebnisse und Erfahrungen aus dem gemeinsamen Gruppenprozess
◆ Lange Sätze zum Zusammenhang der eigenen Arbeit mit dem Verhalten des Trainers
◆ Mit Bargeld oder Scheck zahlen
◆ Benennung eines Mankos, das deutlich geworden ist
◆ Benennung einer Kompetenz, die entdeckt worden ist
◆ Kurze Sätze über Transfer in den Alltag ab morgen
◆ Besprechungen und Tätigkeiten in ihren Kalender eintragen
◆ Blumen & Pralinen schenken
◆ Um ein Einzelgespräch nach Seminar-Ende ersuchen
◆ Stellvertretend für die Gruppe und in deren Auftrag sprechen einzelne TeilnehmerInnen
◆ Bücher und angebotene Materialien kaufen
◆ Abschlussfragebogen sofort ausfüllen
◆ Abschlussfragebogen mitnehmen
◆ Telefonnummer, E-Mail und Postadressen austauschen
◆ Kritische Statements und harte Worte
◆ Beim Aufräumen und Zusammenpacken mitarbeiten
◆ Anmeldung zur nächsten Veranstaltung, die von Ihnen geleitet wird
◆ Die letzte Seminareinheit verlängern/verkürzen wollen

Was VeranstalterInnen/AuftraggeberInnen alles tun könnten:

◆ Die letzte halbe Stunde in der Gruppe anwesend sein
◆ Sie vor den TeilnehmerInnen mit einigen Worten verabschieden
◆ Einen Termin für eine nächste Veranstaltung besprechen
◆ Eine Kiste Wein schenken
◆ Mit Ihnen einen Kaffee trinken
◆ Mit Ihnen über Persönliches und Privates sprechen
◆ Aufgenommene TeilnehmerInnen-Eindrücke berichten
◆ Mit Ihnen die Auswirkungen Ihrer Arbeit auf Nicht-TeilnehmerInnen besprechen
◆ Nicht anwesend sein
◆ Eine handgeschriebene Notiz hinterlassen
◆ Mit Bargeld oder Scheck zahlen
◆ Mit Whisky anstoßen
◆ Sie zum Abendessen einladen
◆ Ihren Wunsch nach einem gemeinsamen Gespräch nicht erfüllen
◆ Mit Ihnen lange per Handy telefonieren
◆ Sie ersuchen, kurz an einer internen MitarbeiterInnenbesprechung teilzunehmen
◆ Feedback als teilnehmender Veranstalter geben

Die Suche nach der Eigen-Art

Sieben sinnliche Phasen

1. Entscheiden & Anfangen

2. Schauen & Trinken

3. Spielen

4. Reden

5. Entdecken

6. Wollen

7. Genießen & Pflegen

So machen wir's

Wenn Sie diese Aufzählung durchgelesen haben, werden Sie feststellen, dass unter dem Blickwinkel der eigenen Zufriedenheit Ihnen manche Reaktionen lieber sind als andere. Auch wird aus der Zusammenstellung heraus deutlich, dass bestimmte Reaktionen einander ausschließen, selbst dann, wenn Sie sich im Stillen beide gewünscht hätten.

Wahrscheinlich kommen Sie dabei rasch zu der Frage, was denn Sie selbst tun können, damit Sie am Ende Ihrer Arbeit zu dem Ergebnis kommen, das Ihnen besonders gut tut.

Landeerlaubnis für Lob & Co.

Ob der Pilot eines bestimmten Flugzeuges, der sich mit seiner Maschine einem Flughafen nähert, dort landen darf, bestimmt er durchaus nicht selbst. Da müssen vorher am Boden eine riesige Menge von Faktoren stimmen, alle Voraussetzungen, Bereitschaften, Regeln und Grenzen geklärt und vorhanden sein, unabhängig davon, ob das dem Flieger einsichtig ist oder nicht. Man gewinnt den deutlichen Eindruck, dass es um den Nutzen für alle beteiligten Systeme, den Flieger wie den Flughafen, die Crew wie die Menschen am Boden geht. Das Wie und Wann und Wielange wird vom Boden, von der Landebahn weg bestimmt.

Ähnlich ist es beim Gelingen von „Lob & Co.", worunter wir ein Bündel von möglichen Erlebnissen zusammenfassen: Lob, Anerkennung, Nähe, Zustimmung, Zuneigung, positives Feedback, Dank, Freude, Zufriedenheit, Energieausgleich.

Um das Richtige herauszufinden, stellen Sie sich die Frage, welche Art von positiver Aufmerksamkeit am Ende von Veranstaltungen, am Ende Ihrer Arbeit mit Gruppen Sie mögen.

Für den Fall, dass Ihnen die Vorstellung gerade schwer fällt, hier eine Denkhilfe: Es ist gerade Sommer und Natur und Blumenhandlungen sind voll mit Blüten. Sie beenden ein Seminar. Welches Blumengeschenk würden Sie am einfachsten annehmen können? Wie viele Blüten sind Ihnen angenehm, wie viele sind zu viele, was wäre zu wenig:

◆ eine Sonnenblume?
◆ 13 Margeriten?
◆ von jedem Teilnehmer eine Hand voll Wiesenblumen?
◆ ein Strauß mit 30 großen Gladiolen?

? Wo stehen Sie auf der Skala zwischen **Lob-Suchen** und **Anerkennung-Meiden**? Ist Ihnen schon eine kleine, direkt ausgesprochene anerkennende Bemerkung ein Gräuel oder sind dem Ausmaß verträglichen positiven Feedbacks nach oben hin keine Grenzen gesetzt?

Belohnungsmeider ├──┼──┼──┼──┼──┼──┼──┼──┤ Belohnungssucher

Die Suche nach der Eigen-Art

Sieben sinnliche Phasen

1. Entscheiden & Anfangen

2. Schauen & Trinken

3. Spielen

4. Reden

5. Entdecken

6. Wollen

7. Genießen & Pflegen

So machen wir's

Alle Positionen auf dieser Skala sind gut verstehbar und gleich erklärbar. Sie beschreiben unterschiedliche Formen im Umgang mit „Lob & Co." Sie beschreiben nicht, wer als TrainerIn oder Mensch wertvoller oder besser ist. Sie implizieren auch keine automatische Aussage über Fachkompetenz und soziale Kompetenz des Trainers.

Sie haben freilich unterschiedliche Konsequenzen.

 Welche Anerkennung ist erlaubt? Wie viel Lob ist notwendig?

Vielleicht wenden Sie an dieser Stelle ein, Sie hätten als TrainerIn andere Ziele, als am Ende gefeiert und beschenkt zu werden. Als FachtrainerIn z. B. wollen Sie sicher sehr genau sein und jede Minute nützen, um in der Seminarzeit unterzubringen, was möglich ist. Die Zeit für langes Abschließen fehlt Ihnen anderswo.

Bewusstheit darüber, was Ihnen am Ende einer persönlich anspruchsvollen Arbeit in Seminar, Moderation oder Großveranstaltung an äußeren und inneren Kleinigkeiten gut tut, wird Ihnen jedoch helfen, deren Auftreten wahrscheinlicher zu machen. Sie kann bereits zu einem ganz frühen Zeitpunkt helfen, nämlich schon bei der Vorbereitung Ihrer Arbeit.

Wie viel (Be-)Lohn(-ung) ist gestattet?

Ihre Bewusstheit über Ihre Belohnungswünsche reduziert auch das Auftreten unbeabsichtigter, unerwünschter Nebenwirkungen: „Lob & Co." wird immer wieder vorgeworfen, es erzeuge Abhängigkeit, re-

duziere die persönliche Autonomie, werde als pädagogischer Hebel zu Manipulationen missbraucht, ersetze innere durch äußere Motivation, sei kindisch, unkritisch und anderes mehr.

Betrachten Sie mit uns einige Situationen, in denen wir „Lob & Co." mit vertrauten, uns nahe und sehr positiv gegenüberstehenden Menschen erleben. Sie werden dort diese unerwünschten Nebenwirkungen nicht oder nur in kleinsten Größen erkennen. Was sind die dafür entscheidenden Kriterien:

◆ Offene Deklaration

„Ich werde die Termine vereinbaren, Karten bestellen, Reifen wechseln, Wäsche waschen, mit dem Computergeschäft verhandeln. Heute Abend würde ich dann gern einfach daheim bleiben und mich ausruhen, mit dir."

Durch die offene Deklaration wird eine Vereinbarung unter gleichwertigen Partnern ermöglicht. Das tatsächliche Eintreten der erwünschten Situation ist damit kein Zeichen von Abhängigkeit oder Unterdrückung.

◆ Positive Formulierung

„Es wird Zeit, dass das Gemüsebeet endlich nicht mehr so unordentlich ausschaut und nicht mehr voll Unkraut ist. Zum Kaffee will ich aber dann nicht den alten Kuchen von vorgestern."

Das führt zu keinem netten Ergebnis, da ich nur davon spreche, was ich nicht haben will. Viel besser ist es so: „Ich kümmere mich um das Gemüsebeet und zupfe das Unkraut aus, und dann möchte ich gern auf der Terrasse mit dir Kaffee trinken. Hol du doch einen Gugelhupf vom Bäcker!" Das klingt viel eher nach Belohnung und wird bestimmt auch lieber erfüllt.

◆ Symmetrie

Die Beziehung zwischen BelohnungsempfängerIn und BelohnerIn ist im Alltag häufig symmetrischer als die zwischen AuftraggeberIn (z. B. AbteilungsleiterIn in einem Unternehmen) und LieferantIn (TrainerIn). Das legt auch die Möglichkeit nahe, dass die beiden Rollen vertauschbar sind. Wer heute für die Belohnung des anderen sorgt, ist morgen selbst in der Lage, belohnt zu werden.

◆ Wiederholbarkeit

Wenn es einmal nicht so gut klappt mit einer Belohnung, können wir den Versuch wiederholen. Die Belohnung kommt aus einem Beziehungskontinuum. Sie ist (voraussichtlich) nicht einmalig. Dadurch ist ihr Gewicht geringer, was aber meistens auch bedeutet, dass es der Situation angemessener ist. Kleine Belohnungen lassen sich leichter immer wieder geben und nehmen als große Brocken. Die Chance auf eine nächste Runde bleibt so leichter erhalten.

◆ Gemeinsames Vorhaben

Wenn ich besprechen kann, was mir gut tun wird, wenn ich eine Sache erledigt habe, die wichtig ist und mich Mühen kostet, dann wird nicht nur die Belohnung danach zum Teil dieses Projekts, sondern auch mein eventueller Partner für die Zeit danach. Das integriert jemand anderen in mein Vorhaben. Ich bin weniger einsam bei der Sache, die ich zu erledigen habe. Auch das tut gut.

◆ Einschätzbarkeit

In der vertrauten Umgebung kenne ich mich aus und kann „Lob & Co.", die mir dort begegnen, gut einschätzen. Ich weiß, wann sie angemessen sind und einen Kern aus Wertschätzung in sich tragen, und wann sie nur pro forma auftreten, aus Tradition, guter Erziehung oder als Versuch, mich günstig zu stimmen. Wo ich das nicht einschätzen kann, bleibt mir oft ein schaler Geschmack, wenn ich nicht das sichere Gefühl habe, bei „Lob & Co." handle es sich um das jeweils Passende.

◆ Beidseitiger Nutzen

Ich habe gut gearbeitet – mein Auftraggeber hat sich richtig für mich entschieden. So werden „Lob & Co." zu einer Möglichkeit der gegenseitigen Bestätigung, und je öfter wir dazu Gelegenheit haben, umso mehr entwickelt sich die Sicherheit, dass wir ein tolles Gespann sind. Leistung und Lohn klettern auf der Erfolgsspirale nach oben.

Ist bestellte Belohnung weniger gut als spontane?

Ich hätte so gern, dass mein Auftraggeber sich gelegentlich für eine Nachbesprechung mit mir Zeit nimmt. Er tut es aber nicht. So bleiben mir zwei Möglichkeiten: mich still kränken oder es sagen.

Wenn ich mich still kränke, erhöhe ich meine Chancen, weiter ohne Nachbesprechung (Blumen, Pralinen etc.) zu bleiben. Als Ersatz dafür kann ich mich mit immer tiefer werdender Kränkung und wachsender moralischer Entrüstung wegen dieser Lieblosigkeit trösten.

Wenn ich es aber sage, erhöhe ich meine Chancen auf das Gewünschte. Der Preis, den ich dafür zu zahlen habe, besteht darin, dass ich die Idee aufgebe, es müssten/wollten/könnten mir meine Wünsche von den Augen abgelesen werden.

Die Suche nach der Eigen-Art

Sieben sinnliche Phasen

1. Entscheiden & Anfangen

2. Schauen & Trinken

3. Spielen

4. Reden

5. Entdecken

6. Wollen

7. Genießen & Pflegen

So machen wir's

Die Suche nach der Eigen-Art

Sieben sinnliche Phasen

1. Entscheiden & Anfangen

2. Schauen & Trinken

3. Spielen

4. Reden

5. Entdecken

6. Wollen

7. Genießen & Pflegen

So machen wir's

Darf ich mir zum Abschluss der Arbeit, am Ende eines Projekts, nach einer anstrengenden Serie von Schulungen etwas bestellen? Oder müssen die TeilnehmerInnen und Projektgruppenmitglieder und AuftraggeberInnen von selbst wissen, was mir gut tut und womit sie mir zeigen sollen, dass sie meine Arbeit schätzen?

Natürlich können wir uns schwer vorstellen, vor einer Seminargruppe zu deklarieren, dass wir am Ende des Seminars immer gern einen Blumenstrauß bekommen. Aber können wir unserem Auftraggeber wirklich nicht sagen, dass wir uns nach Abschluss der Seminarreihe und im Anschluss an die Nachbesprechung über ein gemeinsames Abendessen freuen würden? Und welche Gruppe würde uns ein letztes Glas im Stehen vor der Heimfahrt verweigern, wenn wir diesen Punkt ins Programm einbauen und von Anfang an deklarieren, dass wir uns darauf freuen? Auf diese Weise können Schlussrunden und zusammenfassende Arbeiten Teil unseres **Belohnungsprogramms** sein. Methoden gibt es dazu jede Menge.

Sie werden einwenden, dass wir in diesen Beispielen „Lob & Co." nicht nur bestellen, sondern zu einem Gutteil auch **selbst organisieren** müssen. Das stimmt und ist dem geschilderten Kontext durchaus entsprechend. Je unvertrauter die Gruppe mit mir und meiner Art zu arbeiten ist, umso mehr Organisationsarbeit habe ich voraussichtlich zu leisten.

Allerdings: Das Ergebnis ist die Arbeit wert, denn das Ergebnis ist meine Zufriedenheit, mein gutes Weggehen-Können, mein Gefühl des guten Abschlusses. Immer vorausgesetzt, Sie mögen gern „Lob & Co." haben.

Aber diejenigen von Ihnen, die Belohnung und Anerkennung nicht auf der Liste der erstrebenswerten Dinge stehen haben, haben ohnehin nicht bis hierher gelesen.

KARIN EICHHORN-THANHOFFER

Ich bemühe mich also jede Art von Arbeit mit einer Gruppe so zu gestalten, dass sie nicht nur die Auftraggeberin und die TeilnehmerInnen befriedigt, sondern auch für mich möglichst viel abwirft – Zufriedenheit, Stolz, professionelle Bestätigung, Anerkennung und was noch alles dazu gehört. Dazu sind eine Reihe von Faktoren zu beachten, die zum Teil von mir selbst abhängen, zum Teil vom Veranstalter, zum Teil von den TeilnehmerInnen und ganz wesentlich vom Zusammenspiel dieser Faktoren.

Worauf ich zu achten habe ist, dass ich schon von der Vorbereitung weg so arbeite, dass ich alle Faktoren, die ich beeinflussen kann, so gestalte, dass sie für mich etwas abwerfen. Und dass ich mich für jene, die nicht direkt in meinem Einflussbereich liegen – Verhalten von TeilnehmerInnen z. B. – gut rüste und mich auf die unterschiedlichsten Möglichkeiten vorbereite. Einerseits sorge ich dafür, wie wir das im vorangehenden Kapitel beschrieben haben, dass ausreichend Lob und Rückmeldung bei mir landen können, andererseits schütze ich mich vor evtl. möglichen Verunsicherungen und Verletzungen, indem ich gut für mich und meine Bedürfnisse sorge. Um das zu erreichen, habe ich Anleihen bei anderen Berufsgruppen genommen, z. B. bei SchauspielerInnen und SängerInnen.

In der KünstlerInnengarderobe

Bevor es losgeht – nachdem es aus ist

Es gibt einige Dinge, die mich **vor einem Seminar** oder einer Moderation ganz furchtbar irritieren. Umso stärker, je anspruchsvoller ich mir die nachfolgende Aufgabe vorstelle. Einige dieser Dinge sind jedoch so alltäglich, dass ich mich bewusst entscheiden und aktiv etwas tun muss, damit sie nicht passieren.

Dazu gehören z. B.:

◆ beim Frühstück in ein Gespräch verwickelt werden,
◆ irgendetwas suchen müssen (Schuhbürste, Schlüssel, Brille),
◆ auf dem Weg zum Seminar jemanden treffen, mit dem ich mich der Höflichkeit halber unterhalten muss,
◆ eine Nachricht am Veranstaltungsort finden, dass ich dringend in meinem Büro anrufen soll,

◆ in Zeitnot kommen,
◆ weniger als eine Stunde Zeit zwischen Ankommen und Anfangen haben,
◆ fehlende Ausrüstung und mangelhafte technische Bedingungen im Seminarraum vorfinden,
◆ organisatorische Dinge, die geändert werden müssen, ad hoc entscheiden.

Es gibt ein paar ganz alltägliche Dinge, die mich **nach dem Ende eines Seminars** oder Workshops ganz schrecklich stören, vor allem, wenn ich die Arbeit schwierig und anspruchsvoll empfunden und sie mit hohem Einsatz zu Ende gebracht habe.

Dazu gehören z. B.:
◆ erbetene Rückrufe ins Büro oder an sonst jemanden, der mit dem Training nichts zu tun hatte, erledigen müssen,
◆ gleich nachher eine Verabredung zu einem fixen, möglicherweise knappen Termin haben,
◆ jemanden aushalten, der mir – gut gemeint – beim Aufräumen hilft, mich aber alle paar Minuten fragt, was wo hingehört, wie die Flipchart-Plakate gerollt werden sollen und das Nadelkissen immer dann in der Hand hat, wenn ich es gerade brauche,
◆ auf der Heimfahrt jemanden im Auto mitnehmen oder in der U-Bahn treffen und mich mit ihm unterhalten sollen,
◆ daheim gleich gefragt werden, wie es war,
◆ sofort eine Entscheidung treffen müssen, und sei es nur, was ich essen möchte.

 Das klingt für Sie alles reichlich nervös und hysterisch und geradezu lächerlich empfindlich?

Die Suche nach der Eigen-Art

Sieben sinnliche Phasen

1. Entscheiden & Anfangen

2. Schauen & Trinken

3. Spielen

4. Reden

5. Entdecken

6. Wollen

7. Genießen & Pflegen

So machen wir's

Szenenwechsel:
◆ Raumtemperatur 22° C
◆ 4 Spiegel mindestens 1x1,5 m groß, auf fahrbarem Gestell
◆ 1 CD-Player mit Lautsprechern, mind. 100 Watt Ausgangsleistung
◆ 1 TV-Gerät mit Videorecorder, Bildschirmgröße mind. 19 Zoll
◆ 10 weiße Handtücher, neu, einmal vorgewaschen, mind. 70x100 cm groß
◆ 3 Liter Mineralwasser „Stille Quelle"
◆ Sandwiches (Graubrot) mit vegetarischem Belag
◆ 1 Flasche kalifornischer Chardonnay, gekühlt
◆ keine Blumen
◆ Parkettboden, keine Teppiche
◆ versperrbar
◆ Zugang nur für Manager und persönliche Assistentin

So könnte eine Liste aussehen, die das Management einer Sängerin an den Manager des Konzertsaales schickt, in dem sie auftreten wird. Diese Liste muss in allen Punkten bestätigt und erfüllt werden. Das ist Teil des Vertrages.

Lächerlich? Ich würde sagen genau, selbstbewusst, vorausschauend, ernsthaft, übersichtlich, eindeutig, bedürfnisgerecht, planbar. Teil des Vertrages mit dem Veranstalter, aber auch Teil des Vertrages der Künstlerin mit sich selbst, Teil ihrer Arbeit. Sie weiß, was sie vor und nach einem Konzert braucht, was ihr gut tut, was zur Verfügung stehen soll. Und sie gibt es rechtzeitig davor bekannt, damit sie sich dann vor Ort nicht mehr darum kümmern muss, denn da hat sie Wichtigeres zu tun, wesentlichere Vorbereitungen zu treffen, um bestmöglich zur Wirkung zu kommen.

Wie berühmt müssen Sie werden, um sich ein bisschen von dem zu gönnen? Wie ernst müssen Sie sich nehmen, um vor und nach Ihrer Arbeit Bedingungen herzustellen, die Ihnen wirklich gut tun? Wie genau wissen Sie, was Ihnen vor und nach dem Arbeiten mit einer Gruppe gut tut? Und: Gönnen Sie es sich? Wann beginnt Ihre Arbeit als Gruppenleiterln am Tag des Seminars? Wenn die Gruppe im Raum ist und Sie „Guten Tag!" sagen? Oder davor? Wie lange davor? Und wann ist Schluss? Mit „Ich hoffe, wir sehen einander einmal wieder. Viel Glück bei allen Ihren Vorhaben. Auf Wiedersehen!" Oder später? Wie viel später?

Vor, während und nach dem Auftritt – Phasen und innere Zustände im Arbeitsverlauf

Ich habe beobachtet, dass es vor, nach und während eines Seminarverlaufs drei Energieniveaus oder innere Zustände gibt. Das sieht ungefähr so aus:

1 **Aufwachendes Bewusstsein der bevorstehenden Gruppensituation.**
Ich weiß, dass ich bald vor einer Gruppe stehen und dort arbeiten werde. Dieser Zustand unterscheidet sich noch nicht von

meinem sonstigen Befinden vor dem Arbeitsbeginn, aus ihm könnte noch alles Mögliche werden.

2. Auf der Schiene in Richtung Gruppe.

Das ist der ganz besondere Zustand vor einem Seminar oder einem Workshop. Er entspricht der Zeit in der KünstlerInnengarderobe, in der ich mich auf das Kommende einstelle. Je nach Gruppe, Aufgabe, Wichtigkeit, Schwierigkeit, Vorerfahrungen dauert der Zustand mehr oder weniger lange. Auch je nach Möglichkeiten.

Was hilft, diese Zeit angenehmer zu gestalten? Wann immer ich kann, frühstücke ich allein und konversationsfrei und lasse mir ausreichend Zeit. Idealerweise sind die profanen Dinge wie Reisegepäck, Moderationsmaterial und voller Tank bereits vorbereitet. Auch ein Plan für die Anreise und vorangehende Abstimmungen mit dem Seminarraum-Organisator helfen, diese Zeit angenehmer zu gestalten. Möglichst wenig Unvorhergesehenes soll sie enthalten. Bei Ihnen ist das übrigens mit einiger Wahrscheinlichkeit ganz anders, denn jeder mag andere Dinge in der KünstlerInnengarderobe.

3. „Guten Morgen! Willkommen hier im Seminar!"

Jetzt geht der Zustand los, den ich das „Zirkuspferd" nenne, in Erinnerung an jene braven Tiere, die ungeachtet ihrer Müdigkeit, Kopfschmerzen, Liebeskummer und Unlust zu traben beginnen, sobald das Orchester einsetzt. Die magischen Grußworte gesagt, und es geht los.

Im Arbeitszustand habe ich kaum Aufmerksamkeit auf meinen Zustand, den ich von außerhalb des Seminars mitbringe, weder körperlich noch psychisch. Kopfweh verschwindet, Müdigkeit ist weg, Hunger nicht zu spüren, Themen, die mich sonst beschäftigen, tauchen erst danach wieder auf. Sie können diesen Zustand unter verschiedenen anderen Namen finden und kennen: „Konzentration", „Aufmerksamkeit", „Flow". Sie haben bestimmt einen Namen, der für Ihren Arbeitszustand passt. Sie kennen ihn und wissen, wie Sie ihn erreichen. Das zählt.

So lange das Seminar anhält, will ich in diesem gesammelten Zustand bleiben. Darum ist es mir etwa so unangenehm, in der Pause Telefonate erledigen zu müssen.

4. „Auf Wiedersehen! Alles Gute!"

Der Vorhang fällt, ich bin wieder in der Garderobe. Jetzt brauche ich noch eine Zeit, um mich langsam wieder an das Energieniveau außerhalb des Seminars anzupassen. Ist meine Arbeit gut gelungen, halte ich mich gern in dieser speziellen Euphorie der Befriedigung auf, von der ich weiß, dass sie Menschen, die nicht im Seminar waren, schwer zu vermitteln ist.

Ist meine Arbeit nicht gut gelaufen, muss ich noch eine Weile in der Trauer- und Selbstzweifel-Grube sitzen bleiben und eine Analyse machen, die es mir ermöglicht, konstruktiv wieder hinaus zu gehen.

In dieser Phase fällt es mir schwer, mit anderen zu sprechen. Darum räume ich auch so gern allein auf und fahre mit allergrößter Vorliebe allein nach Hause.

Diese Auskühlphase bis zum Ende in Ruhe auskosten zu können, bei einem Spaziergang oder in der Badewanne, ist für mich meistens schon eine Belohnung. Sie gehört ganz typisch zu jenen, die vorher geplant werden müssen, möglicherweise sogar bestellt.

Die Suche nach der
Eigen-Art

Sieben sinnliche Phasen

1. Entscheiden
& Anfangen

2. Schauen
& Trinken

3. Spielen

4. Reden

5. Entdecken

6. Wollen

7. Genießen
& Pflegen

So machen wir's

5 **Zurück in der Welt.**
Das Seminar ist auch innerlich abgeschlossen, ich kann darüber reden und auch an allen anderen Aktivitäten wieder teilnehmen. Jetzt freue ich mich auf andere Menschen, auf gemeinsame Unternehmungen, Essen, Austausch, neue Arbeit. Ich befinde mich wieder in einem Zustand, der zu einem ganz normalen Tag gehört. Meistens ist jetzt eine gute Zeit für eine aktivere Belohnung, wenn noch eine aussteht.

Jetzt kommt natürlich auch die **Zeit der Reflexion**. Manches ist vielleicht im Training nicht so gelaufen, wie ich es mir vor-

gestellt habe, einige Passagen meiner Vorbereitung haben sich in der Praxis nicht bewährt ... Ich gehe kritisch mit meiner Arbeit um. Allerdings ist jetzt noch nicht die Zeit um sofort alles zu ändern, umzustellen oder zu verwerfen. Ich bin noch zu nahe an dem Erlebten und kann noch nicht aus der Distanz beurteilen, was von dem, was mir jetzt ungenügend erscheint, wirklich zur Änderung ansteht. Dazu muss ich ausgeruht und vom unmittelbaren Erlebnis distanziert sein.

Jetzt mache ich Notizen zu meinen Änderungsüberlegungen. Die kann ich später beurteilen und nützen.

Wohltuendes
planen als Teil
des Erfolgs

Hundert Meter
unter zehn Sekunden
ohne zu schwitzen?

KARIN EICHHORN-THANHOFFER

? Den Marathon unter drei Stunden laufen, mit einem Lächeln auf den Lippen? Ist es das, was Sie von sich erwarten? Oder was Sie denken, das die anderen von Ihnen erwarten? Inspirierte Leichtigkeit, kreatives Nebenher, Eleganz als Naturtalent?

Viele KöchInnen entgegnen Gästen, die das Essen loben, dass das doch erstens nichts Besonderes und zweitens ganz schnell gemacht sei. Wobei es sich meistens um eine doppelte Lüge handelt,

denn erstens haben sie stets besondere Sorgfalt darauf verwandt, die Speisen auszuwählen, die den Gästen vorgesetzt wurden, und zweitens haben sie sich viel Zeit zum Kochen und für alle anderen Vorbereitungen genommen.

Sie könnten also auch antworten: „Es freut mich, dass es euch schmeckt, ich habe mir nämlich lang überlegt, was ihr mögen könntet. Und ich habe lange Zeit in der Küche verbracht und bin froh, dass sich das ausgezahlt hat."

Wahrscheinlich haben mehrere von uns an einem ähnlichen Modell gelernt, dass Anstrengung notwendig ist, dass wir uns aber nicht dabei erwischen lassen sollen. Was wir dabei mitgelernt haben, ist jedoch, dass wir uns selbst und vor allem unsere Leistung ständig in einem Maß verkleinern, das ihrer Verleugnung nahe kommt.

Wir lassen nur das Resultat stehen und nicht einmal das als etwas Herausragendes gelten. Den Weg dorthin verschweigen wir ganz oder spielen ihn herunter. Ebenso als würden wir die hundert Meter unter zehn Sekunden laufen wollen, aber nicht zulassen, dass uns jemand dabei erwischt, wie wir heftig ins Schwitzen kommen. Und außerdem verschweigen wir, wie viele Jahre und wie viele Stunden täglich wir dafür trainiert haben.

Wie gern möchten wir als gelassene HochleistungssportlerInnen gelten, die noch ungeahnte Reserven ins Spiel bringen könnten, wenn sie sich erst wirklich anstrengen würden.

Aber vielleicht glauben wir ja tief drinnen noch an einen anderen Zauber: Wenn ich zugebe, wie sehr ich mich um etwas bemühe, rückt es in unerreichte Ferne. So, als dürfte ich den Erfolg nicht merken lassen, dass ich hinter ihm her bin, weil er mir sonst stets davonläuft.

Das Bestreben, unsere heutigen Leistungen nicht als das ultimativ Erreichbare anzusehen, treibt uns an, uns beim nächsten Mal und beim darauf folgenden Mal wieder anzustrengen und stets besser zu werden. Was uns aber entgeht, wenn dieser Antrieb zu stark ist, ist die wohlwollende Zufriedenheit mit dem, was wir gerade jetzt erreicht haben. Wir nehmen uns einen Teil von dieser möglichen Freude, wenn wir die **wohlwollende Anerkennung der Anstrengung** verhindern, die Mühen zum Tabu machen.

Was immer es ist, das uns davon abhält, unser Geschick und unsere Anstrengungen als Teil unseres Erfolges anzunehmen, es hindert uns jedenfalls am ganzen Genuss einer bemerkenswerten Leistung.

Wenn Sie sich also entschließen, das anders zu machen, könnte es sein, dass Ihre Freude an guten Leistungen steigt. Uns hat es geholfen, vielleicht ändert es für Sie auch etwas.

> Sollte Sie dann einmal jemand dafür bewundern, wie gut Sie mit Anerkennung und Lob umgehen können und wie differenziert und genau Sie Erfolg und Anstrengung trennen und sich beider Anteile bewusst sind, dann können Sie ja immer noch sagen, dass das nichts Besonderes ist. Wir verraten Sie nicht.

Die Suche nach der Eigen-Art

Sieben sinnliche Phasen

1. Entscheiden & Anfangen

2. Schauen & Trinken

3. Spielen

4. Reden

5. Entdecken

6. Wollen

7. Genießen & Pflegen

So machen wir's

Sieben sinnliche Phasen

1. Entscheiden & Anfangen

2. Schauen & Trinken

3. Spielen

4. Reden

5. Entdecken

6. Wollen

7. Genießen & Pflegen

So machen wir's

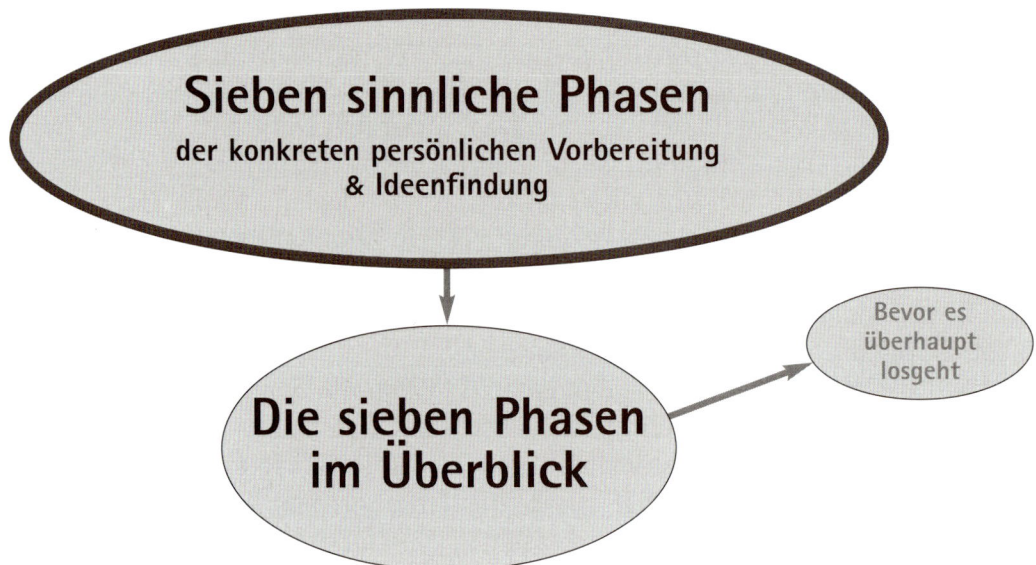

KARIN EICHHORN-THANHOFFER & MICHAEL THANHOFFER

Sehr wahrscheinlich geht es Ihnen manchmal wie den allermeisten Ihrer KollegInnen: Vorbereitungen finden zum falschen Zeitpunkt oder unter nicht optimalen Bedingungen statt. Sie brauchen mehr Energie dazu, als Sie gedacht hatten.

Schließlich verstärkt der Zeitdruck als unerwünschter Koalitionspartner die wachsende Allianz der emotionalen Bremser und Befürchtungen. Ersehnte Kreativität und produktive Arbeitslust geraten spürbar in Bedrängnis und ziehen sich ins Schneckenhaus zurück.

Mit Routine, jahrelang angesammelt, lässt sich einiges zum guten Ende hin bewirken. Mit Mut zur Konfrontation mit dem Unvorhersehbaren gelingt noch ein deutliches Stück mehr.

Gibt es darüber hinaus sinnvolle Chancen und einen geeigneten Platz für persönliche „Eigen-Art", die sich eröffnen und nutzen lassen? Lässt sich die schlummernde (ängstliche, unsi-

chere, panische, blockierte, unsichtbare, orientierungslose, vergreiste...??) Kreativität vielleicht doch noch locken, wecken, mobilisieren? Steckt hinter bestimmten Schritten persönlich-professioneller Kompetenz im Tun und Denken ein Handlungsrezept, das auszuprobieren sich lohnen würde?

Im Folgenden bieten wir Ihnen Modelle an, die **systematisches Herangehen** und **aktuelle Verspieltheit** miteinander **interagieren** lassen. Eine Garantie für kreative Highlights haben wir zwar nicht beigepackt, aber die Wahrscheinlichkeit für gleichsam *normal* gute, kreative Ideen, die zu Ihnen und der vor Ihnen liegenden konkreten Aufgabe passen, lässt sich damit beträchtlich erhöhen.

Sie entscheiden, wie viel Zeit Sie investieren können und möchten. Denn das Erreichen von Zielen – Vorbereiten, Ideenfindung, ein Seminardesign herstellen sind ja aus unserer Sicht bereits ganz passable

Ziele – bleibt auch unter der besten Methodenanwendung vor allem stark mit den vorhandenen zeitlichen Möglichkeiten verbunden.

Ein anspruchsvolles Ziel erreichen, das klingt nach einer Anstrengung, die es rechtfertigt, vor dem Start die Bedingungen zu prüfen: Was funktioniert, tut gut, passt mir und passt zu mir? Was will ich mir leisten? Wie lange darf ich brauchen?

Vom Start ins Ziel, von Null zum Okay, von der Entscheidung zum Anfangen bis zum Abschluss der Vorbereitung: Auf diesem Weg haben wir sieben Phasen entdeckt. Sie unterscheiden sich voneinander sowohl in ihrer Sinnlichkeit als auch in ihrer mentalen Beanspruchung und ihrer methodischen Struktur.

Weil wir Ihnen besonders Lust darauf machen und durch den Vergleich außerdem Ihrem Gedächtnis entgegenkommen wollen, schlagen wir Ihnen vor, die Phasen des Vorbereitens und kreativen Ideenfindens in ihrer Analogie zu der Entwicklung eines sinnlichen Zusammenseins mit einem ver- und geliebten Menschen zu betrachten. Eine spielerische Analogie, die Ihnen ein Erinnern an alle sieben Phasen erleichtern wird.

> 1 Entscheiden & Anfangen
> 2 Schauen & Trinken
> 3 Spielen
> 4 Reden
> 5 Entdecken
> 6 Wollen
> 7 Genießen & Pflegen

Diesen möglichen Phasen aus dem Annäherungsleben zweier Menschen entsprechen unsere Phasen in der kreativen Vorbereitung einer konkreten Arbeit:

1 Entscheiden & Anfangen	→ Entscheiden & Anfangen
2 Schauen & Trinken	→ Eigene Erfolge & Methoden anschauen
3 Spielen	→ Spielen mit Gegenständen & Jonglieren
4 Reden	→ Dialog mit professionellen PartnerInnen
5 Entdecken	→ Clustern als Methode
6 Wollen	→ Klischee-Slalom
7 Genießen & Pflegen	→ Die Entdeckung genießen & ausbauen

Wie beim Verlieben gibt es auch in der konkreten, kreativen Arbeit keine Garantie für ein Gelingen und schon gar nicht für das Erreichen eines höheren Anspruchsniveaus. Und noch einmal weniger Garantie gibt es, wenn der Erfolg alltäglich oder auf Bestellung auftreten soll.

Sie werden auch nicht immer alle Phasen durchlaufen und manchmal gelingt in einem überraschenden Satz nach wenigen Schritten der Sprung direkt ins Ziel. Die Reihenfolge ist nahe liegend und plausibel, muss aber doch zuerst einmal Ihnen entsprechen. Sie entscheiden von Situation zu Situation, wie Sie weitergehen möchten.

In Ihrer bisherigen Berufserfahrung haben Sie schon verschiedene Methoden des Herangehens an neue Aufgaben ausprobiert. Manche stellten sich als wirksamer

Sieben sinnliche Phasen

1. Entscheiden & Anfangen

2. Schauen & Trinken

3. Spielen

4. Reden

5. Entdecken

6. Wollen

7. Genießen & Pflegen

So machen wir's

und effizienter heraus und sind gleichzeitig ein wenig angenehmer als andere. In diesem Kapitel finden Sie, so wünschen wir es Ihnen, neue, wirksame Methoden, die zu Ihnen passen könnten. Einige wichtige Charakteristika sind allen folgenden Methoden gemeinsam:

◆ die Beachtung der individuellen Einzigartigkeit,

◆ die Würdigung bisheriger Erfolge,
◆ Respekt vor den persönlichen Ansprüchen, wann eine Aufgabe zufrieden stellend gelöst ist,
◆ aktive Einbeziehung der organisch-sinnlichen und mentalen Ressourcen und Strukturen,
◆ schriftliches Skizzieren von Ideen.

Die sieben Phasen im Überblick

Bevor es überhaupt losgeht
Undogmatische Anmerkungen zum Thema Arbeitstechnik und persönlich Nützliches und Handwerkliches zum Schritt 1

1. Entscheiden & Anfangen

KARIN EICHHORN-THANHOFFER

Nach unserer Einleitung zu den sieben Schritten muss ich an einen Begriff denken, der in den letzten Jahren immer wieder periodisch Wiederkehr gefeiert, aber bei mir nie so richtig zum Erfolg gekommen ist: „Selbstmanagement". Auch die Brüder dieses Begriffes, „Zeitmanagement" und „Arbeitstechnik", haben in der Regel gute Presse. Nur ich lasse sie bei mir nicht so recht zum Zug kommen.

Ich gestehe aber, dass ich natürlich auch ein solches Seminar besucht und mindestens zwei Bücher dazu gelesen habe, wonach ich stets von großem Umorganisationsbedürfnis befallen wurde und drei Tage darauf verwendet habe meine Ordnungssysteme, meinen Schreibtisch und meinen Kalender grundlegend und durchgehend zu reformieren. Danach hatte ich ein paar neue Ablagesysteme und ein Vor-

merksystem, das mich sehr beanspruchte. Ob ich wirklich Zeit gewonnen habe, habe ich nie gemessen. Eines weiß ich jedoch sicher: Von einigen meiner Lieblingszeitfresser habe ich mich nicht getrennt, manche meiner arbeitstechnischen Unarten habe ich nachgerade kultiviert, und ich finde noch immer nicht alles auf den ersten Griff.

Wer von Ihnen jetzt aber glaubt, in diesem Kapitel eine Absage an Arbeitstechnik und eine Apologie des persönlichen Chaos' zu finden, sollte die folgenden Seiten überspringen. Ich werde nämlich keineswegs dem persönlichen Hang zur gemäßigten Schlampigkeit noch dem Aufschieben von nötigen Erledigungen das Wort reden, sondern, wie schon zuvor, einzig und allein der Notwendigkeit, sich eigener Arbeitsvorlieben, bevorzugter Rahmenbedingungen und gewohnter Rituale bewusst zu werden und sich ihrer zu bedienen. Kurzum, es geht wieder darum, was *mir* am besten tut, damit *meine* Arbeit die zum gegebenen Zeitpunkt beste wird.

Inspiration ist selten, aber sie ist möglich. Ordnung und Vorbereitung erhöhen die Wahrscheinlichkeit, dass sie eintritt. Außerdem kann sich Kreativität, diese häufig als ungeregelte, wilde Energie beschriebene Kraft, erstaunlich gut an Zeitpläne gewöhnen. Nicht umsonst arbeiten viele große SchriftstellerInnen, deren überraschende Einfälle und schöpferische Potenz wir bewundern, nach sehr disziplinierten Zeitplänen, die eher an den Tagesablauf von BeamtInnen als an KünstlerInnen erinnern.

Thomas Mann schrieb täglich zu festgelegten Zeiten, Doris Lessing nutzte die Zeit, in der ihr Sohn in der Schule war zum Schreiben. Dabei hielt sie eine ganze Reihe kleiner Rituale ein, wanderte durch die Wohnung und legte sich zwischendurch immer wieder zu einem kurzen Schlaf nieder. Tag für Tag nach demselben Muster, in ihrer hoch individualisierten Art diszipliniert.

Wenn Sie in den folgenden Absätzen Inhalte erkennen, die Sie aus der Literatur zu Zeitmanagement- und Arbeitstechnik kennen, so handelt es sich dabei um jene Dinge, die ich dort gelernt habe und jetzt anwende. Andere, die mir weniger hilfreich waren, lasse ich einfach weg. So, wie Sie das hoffentlich auch tun werden, wenn Sie jetzt weiterlesen. Alles was Sie dort finden, hat mir geholfen. Ihnen hilft wahrscheinlich etwas anderes. Wichtig ist, dass Sie wissen was.

Der Platz fürs Arbeiten

Die Fotografin Herlinde Kölbl hat einen wunderschönen Bildband produziert, in denen die Arbeitsplätze von SchriftstellerInnen abgebildet sind. Da gibt es vollgeräumte und ganz leere, welche mit Tischen, die nur den Blick auf eine Wand erlauben, und andere, von denen aus sich ein weiter Ausblick ins Freie eröffnet. Schreibmaschinen und Computer, Bleistifte und Bücher, die in der Nähe der Schreibenden bereit gehalten werden. Zettelsammlungen und Zeitschriftenstapel, enge Schlupfe zwischen Kasten und Bett und große Räume mit wenigen Möbeln.

Gemeinsam ist allen diesen Arbeitsräumen, dass sie bewusst gestaltet oder in einem einmal erreichten Entwicklungsstadium bewusst gehalten werden. Keiner dieser Arbeitsplätze macht den Eindruck, als hätte er sich zufällig so ergeben und würde eben jetzt zum Schreiben genutzt. Morgen könnte es kein ganz anderer sein. Die Plätze sind **Kondensationsräume der Arbeitsenergie**, und die kann anscheinend nicht beliebig anderswohin mitgenommen werden.

Ich z. B. kann nicht an einem vollen Tisch arbeiten, zwischen Papieren und Stößen. Mein erster Arbeitsschritt besteht daher oft darin, meinen Tisch leer zu bekommen. Manchmal muss ich während des Tages eine kleine Räumpause einlegen und bisher Benötigtes – Stifte, Scheren, Papiere, Bücher – wegräumen und mir wieder zu einer leeren Tischplatte verhelfen.

Sieben sinnliche Phasen

1. Entscheiden & Anfangen

2. Schauen & Trinken

3. Spielen

4. Reden

5. Entdecken

6. Wollen

7. Genießen & Pflegen

So machen wir's

51

1. Entscheiden | Sieben sinnliche Phasen

2. Schauen & Trinken

3. Spielen

4. Reden

5. Entdecken

6. Wollen

7. Genießen & Pflegen

So machen wir's

Ich kenne aber KollegInnen, die am liebsten auf einer Schicht von angesammelten Unterlagen, Notizen und Materialien arbeiten, neben Wühlstößen und hinter Papierwällen. Denen erscheint dann meine Liebe zur leeren Tischplatte ein bisschen ordnungszwanghaft. Macht aber nichts, so lange ich an meinem Tisch gut produzieren kann. Da nehme ich eine kleine, stützende Zwanghaftigkeit gern in Kauf.

? Wissen Sie, wie Ihr Tisch ausschauen muss, was Sie in der Nähe brauchen, wie viel Platz Sie beim Arbeiten gern einnehmen? Haben Sie die Stifte, mit denen Sie sich besonders gern Notizen machen, bei der Hand? Und ausreichend Papier von der bevorzugten Sorte?

Ich benutze besonders ungern kariertes Papier, darauf könnte ich nie ein Konzept schreiben, noch nicht einmal Einkaufslisten. Und genau um den Spaß geht es, der sich geglückten Falls sogar in der banalsten oder ungeliebtesten Aufgabe finden lässt und das Ergebnis einfach besser macht. Und sei es nur um den Spaßgewinn während des Produktionsprozesses, die **Sinnlichkeit des Funktionierens**. Warum sollten Sie darauf verzichten, wenn Sie wissen, wie Sie sich den Spaß beim Arbeiten besorgen können?

Listen

Listen sind gute Helfer, nicht nur deshalb, weil ich mir dann nicht auswendig merken muss, was zu tun ist. Ich mache manchmal auch Listen über geradezu banale Abläufe:

Begrüßung, Einleitung, erste Übung, Auswertung, Theorie-Input, zweite Übung, Auswertung, Mittagspause. Hundert Mal habe ich diesen Ablauf geplant und mit Inhalten gefüllt, wozu also die Liste? Zwei Gründe gibt es dafür vor allem:

◆ Meine Kreativität braucht eine konservative Form, um starten zu können. Wenn ich mir die Langeweile der Routine genehmige, dann weiß ich zum einen, dass ich mich **in vertrauten Bahnen** bewege und diese Übersicht nutzen kann, sollten mich meine Ideen in bisher nicht bekannte Bereiche führen, zum anderen bin ich mir sicher, dass ich die durch die Routine abgedeckten **Minimalanforderungen** in jedem Fall erfülle. Jetzt kann es nur noch interessanter werden.

◆ Der zweite Grund (tatsächlich ist der sogar häufig der erste!): Ich liebe das Abhaken erledigter Schritte. Ich habe schon Listen gemacht, in die ich Punkte aufgenommen habe, die ich schon kurz zuvor erledigt habe oder deren Erledigung unmittelbar bevorsteht. Dann folgt gleich auf die Liste das erste **Abhaken**. Und ich weiß, dass ich schon mitten in der Arbeit bin, das Schwierigste also hinter mir habe: den Anfang.

Historische Schichtung

Es kann vorkommen, dass **verschiedene Projekte parallel** bearbeitet werden müssen. Je mehr, umso anspruchsvoller sind naturgemäß die Zeit- und Arbeitsplanung. Meine Tendenz ist dann oft, mich mit allem ein bisschen zu beschäftigen, und einmal in dieser und einmal in jener Mappe zu arbeiten.

Dazu habe ich allerdings bei den Arbeitstechniken wirklich etwas gelernt: Was gerade dran ist, kommt nach oben – in meinem Fall auf die Tischplatte – und das gerade nicht Aktuelle verschwindet aus dem Blick, auf einen Ablagetisch, in eine Mappe oder so ähnlich. Auf diese Weise halte ich mir Älteres und Jüngeres vom Leib, trenne Nach-Arbeiten von Vor-Arbeiten und diese wieder von dem, was ich gerade in „Be-Arbeit-ung" habe.

Ein Genuss ist in dieser Disziplin eingebaut: Nach Erledigung packe ich das „Be-Arbeitete" wieder weg und aus meinen Augen, mache also eine deutlichen Schritt zum Nächsten. Am Ende der Arbeitssitzung weiß ich dann, dass ich mehrere Schritte erledigt habe und nicht einen Brei aus Kleinigkeiten. Die Befriedigung wächst!

Ideen jederzeit – Handeln nicht immer sofort

Wovor ich mich nie schützen konnte, und diese Bemühungen mittlerweile auch aufgegeben habe, ist das Auftauchen von Ideen, die zu Arbeiten gehören, die gerade nicht aktuell vor mir auf dem Tisch liegen. Diese Ideen heiße ich willkommen, es hätte im Übrigen ohnedies keinen Sinn, sie wieder verscheuchen zu wollen. Je mehr ich nicht daran denken wollte, umso aufdringlicher würden sie in meinem Kopf.

Ihre Umsetzung schiebe ich aber genussvoll auf, sodass ich mich auf sie freuen kann, weil ich ja schon weiß, dass sie dann, wenn ich sie brauchen will, auf mich warten. So bin ich bereit für Überraschungen, ohne dass sie mich stören könnten.

Dazu nütze ich zwei Instrumente:
◆ einen griffbereiten **Block**, auf dem die Ideen notiert werden, jede auf einem eigenen Blatt, und
◆ ein System von Mappen oder eine dicke Mappe mit mehreren Fächern, von denen jede(s) einem meiner Projekte zugeordnet ist. Hübsche, möglichst **lieblingsfarbige Warteräume für meine Ideen**. Dort kommen die Ideenblätter hinein zur Aufbewahrung bis zu dem Zeitpunkt, an dem das entsprechende Thema aktuell auf den Tisch kommt.

Schuhe putzen

Hier könnte auch „Kuchen backen" stehen oder „Wäsche waschen", „Steuerbelege ordnen" oder „Bleistifte spitzen".
Ich fasse das alles seit Jahren unter „Schuhputz-Syndrom" zusammen. Das ist ein Symptomkomplex, an dem ich leide, seit ich während des Studiums meine ersten größeren Prüfungen ablegen musste. Nie hatte ich so sauber geputzte Schuhe im Kasten wie in den Wochen vor diesen Prüfungen. Die Schuhe von Lebenspartnern und Familienmitgliedern haben häufig auch von dem Syndrom profitiert.

Neben diesem durchaus praktischen Nutzen in Haushaltsangelegenheiten habe ich mein „Schuhputz-Syndrom" inzwischen aus einem ganz anderen Grund gern. Ich erkenne es jetzt nämlich als einen **Teil der Arbeit**, die *eigentlich* (wie es gern heißt) zu erledigen ist, auch wenn dieser Teil, zugegeben, noch nie zu einem Seminardesign oder einem Vortragsmanuskript einen wesentlichen inhaltlichen Beitrag geliefert hat. Er tut etwas anderes für mich: Er zeigt mir,

Sieben sinnliche Phasen

1. Entscheiden & Anfangen

2. Schauen & Trinken

3. Spielen

4. Reden

5. Entdecken

6. Wollen

7. Genießen & Pflegen

So machen wir's

dass ich in Kürze bereit sein werde, mit der Arbeit anzufangen, die ich gerade aufschiebe. Schuhe putzen gehört dazu, ist Teil der **„Vor-Vorbereitung"**, macht mich bereiter für „das Eigentliche" und ist nebenbei noch nützlich und produktiv.

Heute weiß ich: Wenn ich Schuhe putze, werde ich bald danach am Schreibtisch sitzen und an meinem Seminar arbeiten. Willkommen Schuhbürste!

Tempo, Anlauf und Schwung

Sie machen's auf Ihre Art! Das gilt auch für Ihr Arbeitstempo. Sind Sie schnell oder langsam? Ist der Start Ihre Stärke, oder laufen Sie sich lieber erst in Schwung und nehmen ihn in den nächsten Schritt mit? Sind Sie heute etwas langsamer als sonst, weil sie erkältet sind? Oder geht es Ihnen heute ganz besonders leicht von der Hand, verblüffend schnell?

Wie auch immer die Sache bei Ihnen liegt, es lohnt sich, ihr Rechnung zu tragen. Die meisten von uns wissen recht genau, wie sie ihre Vorbereitung für eine Gruppenleitung, eine Moderation zeitlich planen müssen. Sie wissen, ob sie dafür eher drei Tage oder drei Stunden brauchen, ob es ihnen wohler ist, wenn alles eine Woche vor dem Termin im Kasten ist, oder wenn sie direkt aus der Vorbereitung in die Umsetzung gehen. Sie wissen auch, ob bei Ihnen alles auf Anhieb sitzt oder ob Sie sich durch mehrere Wiederholungszyklen dem Optimum nähern. Es kommt also darauf an, sich selbst und **den eigenen Tempostrukturen bestmögliche Bedingungen zu verschaffen.**

Nebenbei: Wenn Sie sich im Hinblick auf Sprintstärke oder Langzeitausdauer gut kennen und dem Rechnung tragen, kommt Ihnen das generell zu gute, denn es gibt wenige Dinge, die anstrengender sind als das eigene Tempo auf Dauer zu unterdrücken. Selbst wenn Ihnen von Eltern, LehrerInnen und anderen „moralischen Instanzen" beigebracht wurde, dass eine ordentliche Leistung lange vorbereitet sein muss, werden Sie sich nie drei Wochen vor einem Seminar hinsetzen, wenn Ihr innerer Impuls Ihnen sagt, dass der Tag davor für Sie der Zeitpunkt der optimalen Vorbereitungsverfassung ist.

Umgekehrt: Sie sind entspannt, wenn Ihre Seminarvorbereitung zwei Wochen vor dem Termin tipptopp mit allen Details und Unterlagen bereit liegt. Großartig! Dann sorgen Sie dafür, dass das möglichst oft der Fall ist. Wer außer Ihnen darf entscheiden dürfen, welchen Zeitplan Sie verfolgen?

Abschied von Ballast

Wer kennt sie nicht, die Stöße mit der Überschrift „Zu erledigen", die Stapel mit ungelesenen Zeitschriften, die Ablagekörbe mit der Tendenz zum Übergehen, das täglich wachsende Unbehagen bei ihrem Anblick und die ohnmächtige Frage: Wann werde ich das alles erledigen, lesen, ordnen?

In den meisten Fällen: nicht heute. Heute lege ich erst einmal – ein wenig resigniert – die nächsten Zettel und Zeitungen oben drauf. Was im Stoß darunter liegt, weiß ich häufig gar nicht mehr.

Macht auch nichts! Freuen Sie sich darüber, denn es ist Ihnen offenbar mit Erfolg gelungen, es zu vergessen und die einmal darin entdeckte **Wichtigkeit** zu **relativieren**. Es hat sich über die Zeit herausgestellt, dass Sie die Dinge weder gebraucht haben, noch dass es Ihnen zum Nachteil gereicht hat, sie so lange unerledigt liegen zu lassen. Sie haben also eine solide Entscheidungsgrundlage, um sie beherzt wegzuwerfen!

Wegwerfen bedeutet freilich, dass wir uns eingestehen, dass die Dinge nicht (mehr) so wichtig sind, wie wir geglaubt haben. Und es heißt auch, ein kleines Risiko einkalkulieren, dass sich unter ihnen etwas befindet, von dem sich im Nachhinein herausstellt, dass es doch aufhebenswert gewesen wäre.

Allerdings – in diesem Fall muss etwas passieren, was uns daran erinnert. Und in den meisten Fällen reicht dann diese Erinnerung aus, um uns handeln zu lassen. Was wichtig ist, kommt wieder. Alles in allem spricht mehr für das Loswerden der belastenden Stöße als für das Nähren der Illusion, dass sich darin Schätze verbergen, die wir eines Tages heben werden. Eines Tages. Nicht heute.

Was ich vorschlage? **Wegwerfen!** Einfach wegwerfen, was sich über Wochen, Monate und Jahre als unerledigt angesammelt hat. Unbearbeitetes seinem Schicksal überlassen und Platz für Neues machen. Und danach von der Schatzsucherin zur Schatzerkennerin werden, indem ich eine neue Regel einführe: Was mir in die Hand kommt, wird sofort sortiert nach einer von drei möglichen Kategorien:

1. gleich erledigen
2. sofort an der richtigen Stelle ablegen und absichtlich aufbewahren
3. wegwerfen

Nebenbei und kostenlos verschafft mir die Methode noch Training im schnellen Entscheiden.

Bewegungslust

Manchmal schreibe ich um des Schreibens willen, bewege meine Finger und spüre die Bewegung an sich als Lust. Wenn ich mich darauf einlasse, will ich immer mehr von dieser Bewegungslust, bei der es mich immer weniger interessiert, was ich an Inhalten produziere, bloß das Klappern der Tastatur und die Muskeln meiner Finger im perfekten Zusammenspiel und das Erscheinen der Buchstaben auf dem Bildschirm sind im Zentrum meiner selbstvergessenen Aufmerksamkeit.

In diesen Momenten scheint es plötzlich möglich, dass ich immer so weiter mache und genau dort ankomme, wo ich hin will. Ich stelle das Erreichen meines Ziels nicht mehr in Frage, weil ich weiß, dass mich meine Finger und meine Muskeln und meine Augen und mein Gehirn dort hinbringen werden.

Bloß den Zauber darf ich dabei nicht stören: Ich darf nicht anfangen, darüber nachzudenken, was ich gerade mache. Die (Er-)Lösung liegt im Weitermachen, solange die Lust anhält, solange alles fließt und die Tätigkeiten einander abwechseln, ineinander übergehen und die Produktion läuft. Kritisches auseinandernehmen, innehalten und nachfragen – das ist für später.

Sieben sinnliche Phasen

1. Entscheiden & Anfangen

2. Schauen & Trinken

3. Spielen

4. Reden

5. Entdecken

6. Wollen

7. Genießen & Pflegen

So machen wir's

Dieser **Zustand der Selbstvergessenheit** (des „Flow", wie es im NLP heißt) tritt dann ein, wenn **das Tun selbst zum Ziel** wird und ich keinen Gedanken an Aufhören, Erfolg und Geld verschwende, wenn ich einfach immer weiter tippen, schreiben, gehen, zeichnen will.

Ich bin sicher, dass Sie diesen Zustand kennen, wo alles wie am Schnürchen läuft, dass er also in Ihnen ist und somit wieder auftauchen kann, wenn Sie ihn brauchen. Ich arbeite ihn mir manchmal herbei, indem ich in der bestmöglichen Umgebung – leerer Schreibtisch, gutes Papier, angenehmes Schreibgerät, richtiges Licht, Lieblingstee etc. – einfach zu schreiben beginne, Notizen mache oder mir am PC eine Vorlage anlege oder ein Inhaltsverzeichnis.

Wichtig ist die Bewegung beim Schreiben und dass ich mich vor allem darauf einlasse, wie gut alles in mir zusammenspielt und wie kompetent sich das anfühlt. Nach ein paar Minuten solchen kompetenten Kritzelns stellen sich Ideen ein, die mir als Stoff dienen für das Einzige, was ich im Moment gern möchte: mich weiterbewegen. So als würde ich beim Tanzen plötzlich eine Melodie und einen Rhythmus gefunden haben, die mich über die nächsten Minuten tragen. Immer weiter. Genuss.

Sitzen bleiben

Der Rest des Selbstmanagement-Programms ist unspektakulär und lautet: Sitzen bleiben, weitermachen, **hartnäckig** dran bleiben, fertig machen, was ich angefangen habe, **einfach weil es sein muss**.
Für das, was sich während des Sitzens zum Erfolg abspielen kann, um es produktiv und nicht bloß ausdauernd zu gestalten, gibt es aber nun endlich die angekündigten unterstützenden sieben Schritte. Erinnern Sie sich noch?

Weil sie die wichtigste ist, ohne die gar nichts geht, bleibt die Phase 1 „Entscheiden und Anfangen" noch eine Weile im Blickpunkt. Jetzt schon unter einer neuen Perspektive, denn das fast Schwierigste liegt hinter Ihnen, Sie sitzen am Schreibtisch, stehen am Pult, liegen auf Ihrem Arbeitssofa – je nachdem. Sie haben Ihre Werkzeuge in Griffweite und sich darauf eingestellt, dass Sie jetzt gleich anfangen werden.

Wir wünschen Ihnen umfangreiches Entdecken!

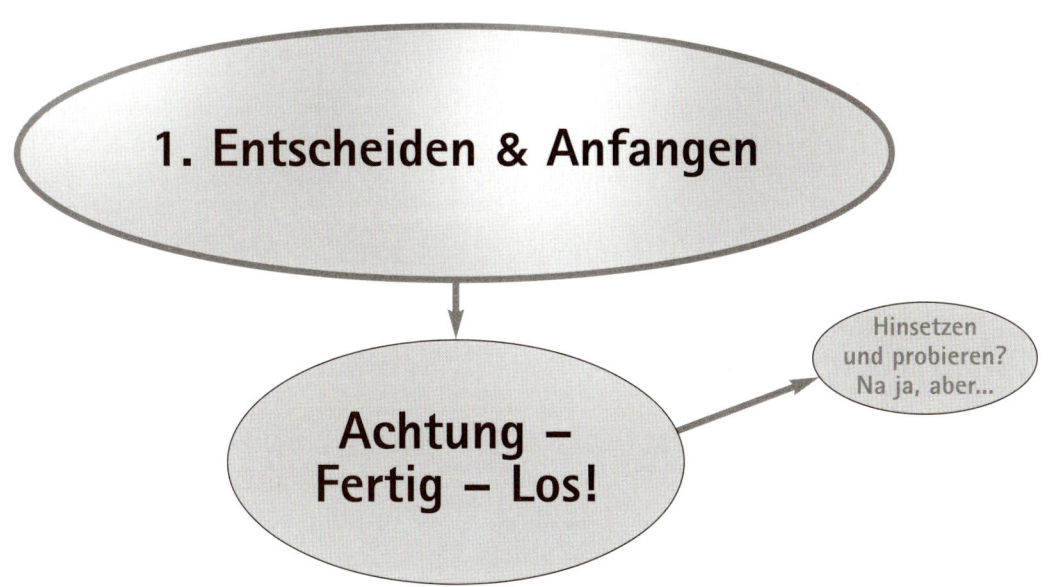

1. Entscheiden & Anfangen

Achtung –
Fertig – Los!

Hinsetzen
und probieren?
Na ja, aber...

1. Entscheiden & Anfangen

2. Schauen & Trinken

3. Spielen

4. Reden

5. Entdecken

6. Wollen

7. Genießen & Pflegen

So machen wir's

MICHAEL THANHOFFER

Wahrscheinlich ist das die erste Formel, die Kinder von anderen Kindern lernen, wenn es darum geht, ihre Aufmerksamkeit und ihre Energie auf eine bevorstehende Leistung zu fokussieren. Es ist ein Satz, der die innere Aufregung steigen lässt und der alles ausblendet, was sich rund um mich selbst ereignet. Manche Kinder nehmen die Situation eher locker und es geht munter und kräftig los, sobald das Wort „Los!" einmal gefallen ist.

Andere sind so sehr auf die Spannung konzentriert, dass sie das viel Kraft kostet, die ihnen dann beim Spiel (bzw. dem, was getan werden soll) abgeht. Manche mochten als Kind „Achtung – Fertig – Los!" überhaupt nicht. Es war zu unklar, zu schnell, zu unbeeinflussbar, zu bedrohlich (Niederlage!), zu wenig persönlich. Es war insgesamt schlichtweg unangenehm und die Auswirkungen waren – jedenfalls in den Augen dieser Kinder (und späteren Erwachsenen) – nachhaltig. Das war damals. Im Vergleich mit heutigen Arbeitssituationen, an

dieser Stelle speziell mit der Entscheidung für einen kreativen Start in eine neue Aufgabe, gibt es doch eine Menge Unterschiede, an denen Sie sich festhalten können. Vor allem können Sie zunächst eines tun:

Den Titel lesen.

Schreiben Sie den Titel der konkreten Aufgabe in leicht lesbaren Buchstaben auf ein großes Moderationskärtchen. Verwenden Sie dazu etwas dickere Filzstifte, solche, die Sie auch für das Schreiben am Flipchart verwenden. Der Titel hat die Form eines kurzen Satzes oder einer Wortgruppe mit den entscheidenden drei Begriffen. Beschränken Sie sich dabei auf maximal zwei Zeilen. Wenn Sie nur bis zu fünf Worte verwenden, dann ermöglichen Sie Ihrem Gehirn, das Kärtchen sowohl als geschriebenen Text zu lesen als auch als Bild anzuschauen.

 Sollte es schön geschrieben sein?

1. Entscheiden & Anfangen

2. Schauen & Trinken

3. Spielen

4. Reden

5. Entdecken

6. Wollen

7. Genießen & Pflegen

So machen wir's

Danke für diese direkte Frage. **Ja!** Wir empfehlen Ihnen, das Kärtchen mit dem Titel so oft neu zu schreiben, beispielsweise auch mit anderen Farben oder mit einem ganz einfachen grafischen Element ergänzt und geschmückt, bis Sie es gern anschauen. Bedenken Sie: Das Kärtchen mit dem Titel gefällig zu schreiben, ist eine wirkliche Kleinigkeit, gegen die sich der Aufwand einer Diskussion oder eines direkten Gedankenangriffs in Ihrem Kopf („Wozu soll das gut sein? Kann ich nicht. Ist außerdem viel zu schwierig!") gar nicht lohnt.

Andererseits ist das Kärtchen durchaus hilfreich, weil es Ihnen bei jedem bewussten oder unbewussten Anschauen die vorliegende Aufgabenstellung in ästhetisch ansprechender Weise zeigt, Sie optisch daran erinnert. Bei den meisten Menschen wird etwas, das als „schön" wahrgenommen wird, automatisch mit dem Etikett „gut" versehen. Also weist ein **schönes Kärtchen** eher auf eine **gute Sache** hin als auf eine beispielsweise problematische.

Dieses Kärtchen positionieren Sie nun auf Ihrem Arbeitsplatz möglichst so, dass es im Bereich Ihres normalen Sehfeldes liegt. Es genügt, wenn Sie es peripher wahrnehmen können.

Achtung – Fertig – Los
ist zu wenig?

Vielleicht genügt es, vielleicht genügt es manchmal nicht. Worin liegen denn die wirksamen Unterschiede zwischen Titel-Kärtchen und innerem Startkommando?

◆ Das in der Kindheit erlebte und im Sport geübte **Startkommando** hat nur dann einen Sinn und einen Effizienzvorteil, wenn der beteiligten, in wenigen Momenten sehr aktiv werdenden Person ohne jede Einschränkung klar ist, *wohin* es losgeht und *was* alles erlaubt ist. Es fokussiert den Beginn des Energieeinsatzes, nichts anderes. Das Ziel ist mit keinem Zeichen explizit erwähnt, keine seiner aktuellen Besonderheiten sind deklariert. Es ist ein bekanntes Ziel, dessen Eigenheiten außerdem auch als konstant vorausgesetzt werden.

Das Startkommando mobilisiert unbemerkt alle Erfahrungen, die ein Mensch mit dieser Wortkombination und den dazugehörigen inneren und äußeren Stimmen und Kontexten bisher gemacht hat.

◆ Das **Titel-Kärtchen** hingegen stellt die Aufgabe in den Mittelpunkt und Vordergrund, um die es ganz konkret geht. Es ist eine spezielle Aufgabe mit einer speziellen Zielgruppe. **Und die Aufgabe ist neu.**

Der Satz suggeriert kräftiges, rasches Loslaufen, das Titel-Kärtchen lässt die Frage nach dem Tempo offen, zeigt mehr Geduld, weniger momentanen Zeitdruck.

Der Text und das Bild des Titel-Kärtchens bleiben solange bestehen, sind solange vor Ihrem Auge wahrnehmbar, wie es auf Ihrem Schreibtisch sichtbar liegen bleibt. Der Satz ist nach wenigen Sekunden verklungen. Das Titel-Kärtchen schaut Sie also länger, immer wieder von Neuem, fast unentwegt an, während der Satz zu Ihnen nur einmal spricht, Sie ihn aber aktiv ständig wiederholen könnten.

Der geschriebene Text wendet sich an die digitalen Denkmuster im Gehirn, Bildhaftigkeit, Farbe, Gestaltung und Ästhetik aktivieren analoge Denkprozesse.

Winterbeobachtung

Draußen ist es allmählich dunkel geworden und der Mond erhellt ein wenig die weiße, schneebedeckte Landschaft, die Wiese hinten am Hang und auch das Nachbarhaus auf der anderen Seite der Straße. Im Zimmer ist es angenehm warm. Dem Schnee sieht man an, dass er schon vor mehreren Tagen hier gelandet ist: Wie frisch gefallener, eiskalter Pulverschnee sieht er nicht mehr aus.

Der Nachbar trägt seinen dicken, grauen Mantel, während er damit beschäftigt ist, eine unansehnliche Decke auf die Motorhaube seines Wagens zu legen. Er bringt auch den kleinen Heizstrahler aus der Werkstatt heraus vor sein Haus und stellt ihn neben den Wagen.

Ein unbekannter Mann nähert sich und wechselt mit dem Nachbarn einige Worte, die Sie trotz des offenen Fensterspalts nicht verstehen können. Nach kurzer Verhandlung schieben beide Männer den Wagen einige Meter vor und überraschenderweise fast genau an dieselbe Stelle wieder zurück. Ihr Nachbar geht zurück ins Haus und kommt bald wieder heraus mit einem Thermometer, das er oben auf das Autodach legt. Ohne viel nachzudenken drehen Sie Ihren Kopf ein wenig zur Seite und schauen selbst auf ein kleines Thermometer, das außen am Fensterstock angebracht ist. Es zeigt 0° C. Als Sie Ihren Blick wieder auf die Straße richten, sehen Sie den Mann im grauen Wintermantel in seinem Haus verschwinden. Er erscheint kurz darauf hinter den Gardinen des straßenseitigen Zimmers und schaut hinaus auf sein Auto.

Sie schließen Ihren Fensterspalt und gehen wieder zurück zu Ihrem Platz vor dem Kamin. Vor dem kleinen Feuer bleiben Sie ein wenig gedankenverloren stehen und eine unklare Verständnislosigkeit breitet sich in ihrem Kopf aus. Irgendetwas fehlt Ihnen an dieser Geschichte mit dem Auto auf der Straße vor dem Haus.

Sie gehen davon aus, dass der Nachbar mit seinem Auto losfahren wollte. Darüber gibt es keinen Zweifel. Welchen Sinn sonst hätte all das gehabt, was Sie gesehen haben? Sie haben ohne Unterbrechung die Szene beobachten können und nichts versäumt. In Ihren Gedanken lassen Sie den Film noch einmal ablaufen, um der Lösung vielleicht auf diese Weise näher zu kommen. Sie sehen noch einmal die Bilder und hören noch einmal die Geräusche. Hätten Sie selbst nicht, jedenfalls aufs Erste besehen, alles genauso gemacht?

Sie bemerken, dass es in Ihrem Film kaum Geräusche gibt. Es war immer sehr still. Zu still.

Nein. Sie hätten es anders gemacht als Ihr Nachbar. Entscheidend anders.

Sie legen noch ein Stück Holz auf die Glut. Sie setzen sich in Ihren Fauteuil und merken, wie Ihre Zufriedenheit langsam wächst. Ähnlich den Flammen auf dem trockenen Holzstück im Kamin.

Einfach anfangen. Sich hinsetzen. Handeln. Ausprobieren. Wie beim Kaltstart Ihres Wagens im Winter. Es klappt nicht immer beim ersten Mal. Vor allem älteren Modellen wird das durchaus verziehen, dass sie mehrere Versuche brauchen, bis sie das unüberhörbare und unmissverständliche Geräusch eines nicht anspringenden Motors in das ersehnte und vertraute, kraftvolle Surren übergehen lassen.

1. Entscheiden & Anfangen

2. Schauen & Trinken

3. Spielen

4. Reden

5. Entdecken

6. Wollen

7. Genießen & Pflegen

So machen wir's

1. Entscheiden & Anfangen

2. Schauen & Trinken

3. Spielen

4. Reden

5. Entdecken

6. Wollen

7. Genießen & Pflegen

So machen wir's

Der erste Schritt, den Wagen zu öffnen, den Schlüssel ins Zündschloss zu stecken und umzudrehen und einen ersten Anlassversuch zu unternehmen ergibt durchaus einen Sinn. Ob es in jedem einzelnen Fall klappt und der Motor anspringt, können wir nur ausprobieren, indem wir es praktisch versuchen. **Hinsetzen ist unersetzlich!**

Solange der Nachbar in unserer winterlichen Szene alles rund um seinen Wagen herum tut, wird er einfach keinen sichtbaren Erfolg haben können. Er kann den Wagen pflegen und rundherum die (Kaltstart-)Bedingungen verbessern. Aber einmal muss er einsteigen und den ersten Handgriff mit dem Starterschlüssel machen. Er könnte diesen Schritt bereits sehr früh machen und schauen, ob er diesmal schon im ersten Anlauf damit erfolgreich ist.

Aus diesem Blickwinkel besehen helfen Hinsetzen und Anfangen mehr als alles andere. Es ist der einzige Schritt, der wirklich unverzichtbar ist. Wenn Sie am Beginn Ihrer Vorbereitungen an Ihrem Schreibtisch Platz nehmen und anfangen, geben Sie sich selbst die Chance, schon im ersten Anlauf zu starten. Manchmal gelingt es nämlich durchaus sofort. Manchmal sind mehrere Versuche notwendig und die Verbesserung einzelner Startbedingungen ist nicht nur sinnvoll, sondern unersetzlich.

Aber eben nur manchmal.

Würden Sie Ihren wunderschönen Lieblingswagen verkaufen, nur weil er bei tieferen Temperaturen mehrere Startversuche benötigt?

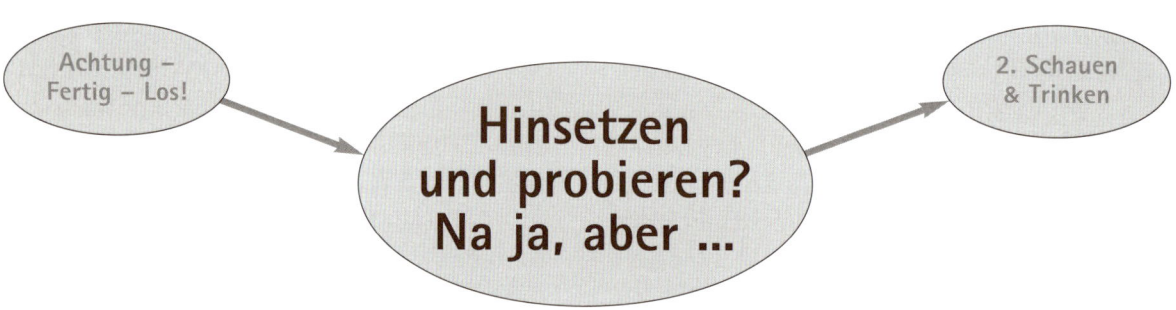

Karin Eichhorn-Thanhoffer

Lieber Michael,

halt! Das ist einfach gesagt, aber vielleicht übersiehst du dabei auch etwas, wenn du meinst, es sei so klar, dass ich mich einfach „hinsetzen und probieren" müsse, wenn ich anfangen will.

Was ist nämlich, wenn ich beim Probieren draufkomme, dass es sofort funktioniert?
Oder dass es eben doch nicht gleich funktioniert?

Das hast du dir noch nicht überlegt?
Na, dann schau einmal, wie sich das auch sehen lässt. Dann wirst du nämlich verstehen, dass es gar nicht so ohne ist, dein „Einfach hinsetzen und probieren"!

◆ **Wenn es sofort funktioniert**

... heißt das nämlich, dass ich sofort anfangen könnte/sollte/muss, dass ich also keinen Grund mehr habe, die Sache aufzuschieben. Ob mir das immer so recht ist? Da bin ich nicht sicher. Schließlich kann ich sie mir eine Weile vom Leib halten, wenn ich mir nicht sicher bin, dass es klappen wird, und wenn ich daher den riskanten Beginn genau vorbereiten will.

Außerdem sammle ich doch gerade meine Kräfte für eine schwierige Sache, und wenn ich es probiere und es klappt gleich, dann kommt möglicherweise mein Kräftesammeln zu kurz, und ich bin noch gar nicht richtig in Höchstform für das, was nach dem Anfang kommt.

... könnte ich darauf kommen, dass die Angelegenheit, vor der ich lange wegen ihrer Schwierigkeit und Komplexität großen Respekt gehegt habe, doch nicht so schwierig und komplex ist, sondern sich zügig erledigen lässt, also möglicherweise doch nicht ganz so großartig ist, wie ich es mir gedacht habe. Daher kann ich dann vielleicht auch nicht so stolz darauf sein, etwas Großes erledigt zu haben, wenn es gleich auf Anhieb klappt.
Das ist enttäuschend.

... heißt das, dass ich es allein kann und niemand anderen brauche, der mir hilft und die Sache mit mir oder (noch besser?) für mich erledigt, dass ich also auf niemanden mehr warten muss und ab sofort für die Erledigung allein verantwortlich bin. Ungeteilt! Solo!
Will ich das?

◆ **Wenn es doch nicht sofort funktioniert**

... verschiebt sich der eigentliche Anfangszeitpunkt möglicherweise sogar noch einmal weiter nach hinten, weil ich nach dem gescheiterten Versuch erst einmal wieder so weit zu Kräften kommen muss, dass ich es nochmals versuchen kann.

... wird mir gleich klar, dass die Sache eben doch zu groß und zu schwierig ist für mich und dass ich mich noch lange Zeit unheimlich werde plagen müssen, bis ich es schaffe. Vielleicht schaffe ich es auch nie oder nie so gut, wie ich es mir vorstelle. Jedenfalls erlebe ich mein Scheitern sofort, was meine Ambitionen dämpft und mir hinsichtlich meiner Möglichkeiten ebenso eine unmittelbare Enttäuschung zufügt. Ich brauche danach wieder lange, bis ich sie überwunden habe und mir den nächsten Versuch zutraue.

... sage ich mir, ich hätte gleich wissen sollen, dass es mir allein nicht gelingen wird und dass ich auf jemand anderen angewiesen bin. Dann muss ich mich also in die Hände und Abhängigkeit von diesem anderen begeben, um Hilfe bitten, mein Nicht-Allein-Können zugeben, kooperieren. Will ich das?

1. Entscheiden & Anfangen

2. Schauen & Trinken

3. Spielen

4. Reden

5. Entdecken

6. Wollen

7. Genießen & Pflegen

So machen wir's

1. Entscheiden & Anfangen

2. Schauen & Trinken

3. Spielen

4. Reden

5. Entdecken

6. Wollen

7. Genießen & Pflegen

So machen wir's

◆ Wenn es sofort funktioniert

... ärgere ich mich ziemlich, dass ich nicht schon früher angefangen habe. Wenn es ohnedies so leicht und gleich funktioniert, habe ich all die Zeit verloren, die ich darauf verwendet habe, mich vor dem Versuch zu fürchten, mich darauf vorzubereiten, ihn vor mir herzuschieben und mich deshalb schlecht zu fühlen. Wenn es nämlich *jetzt* sofort geklappt hat, hätte es bestimmt auch schon *früher* geklappt. Und ich könnte schon fertig sein.

◆ Wenn es doch nicht sofort funktioniert

... ärgere ich mich, weil ich nicht noch länger und bis zu dem besseren Zeitpunkt abgewartet habe, an dem es hätte gelingen können. Ich hätte noch warten sollen, bis ich in optimaler Form bin, bis alle Umstände die bestmöglichen sind und bis ich sicher weiß, dass es funktionieren wird. *Jetzt* hat es nicht geklappt, *später* wäre es besser gewesen. Meine Ungeduld hat mich also in eine schlechtere Ausgangsposition gebracht. Jetzt dauert es noch länger, bis ich fertig bin.

Du siehst also, es ist ungeheuer schwierig, fürs Probieren den richtigen Zeitpunkt zu finden. Ich frage mich ja überhaupt, ob das jemandem gelingt, weil es doch immer früher oder später hätte sein können. In jedem Fall ist es, wenn ich genau darüber nachdenke, nie der *richtige* Moment.

Oder meinst du es prinzipiell? Die Dinge vereinfachend und die Komplexität ignorierend? Einfach so? Egal, ob es zu früh oder zu spät sein könnte? Ich glaube fast, dass du es so meinst: Einfach anfangen. Weil *es* nicht anfängt, bevor *ich* nicht anfange.
Du meinst also, *ich* sollte einfach anfangen, auch wenn ich mir denke, dass *es* früher oder später besser gewesen wäre? Weil es wahrscheinlich immer zu einem anderen Zeitpunkt besser gewesen wäre. Anders in jedem Fall.
Ich soll jetzt anfangen, weil jetzt ein Zeitpunkt ist, der genau so falsch ist wie alle davor und danach, der jedenfalls mit Sicherheit ein anderes Resultat bringt als frühere oder spätere. Und weil ich ohne Zweifel nur jetzt anfangen kann, weil früher vorbei und später noch nicht da ist, soll ich es einfach *jetzt* tun.

Was meinst du noch? Ich hätte die Chance, von den vielen verkehrten Momenten einen relativ richtigen zu erwischen? Und ich würde es nie merken, wenn ich es nicht probiere? Soll ich jetzt wirklich zugeben, dass ich glaube, dass du Recht hast? Dass ich es drehen kann, wie ich will, und dass mir das auch nicht helfen wird, mich dem zu stellen, was getan werden muss? Zu früh oder zu spät ist immer noch besser als gar nicht? Und dass ich jetzt endlich anfangen soll?

Also (Achtung – Fertig –) Los!

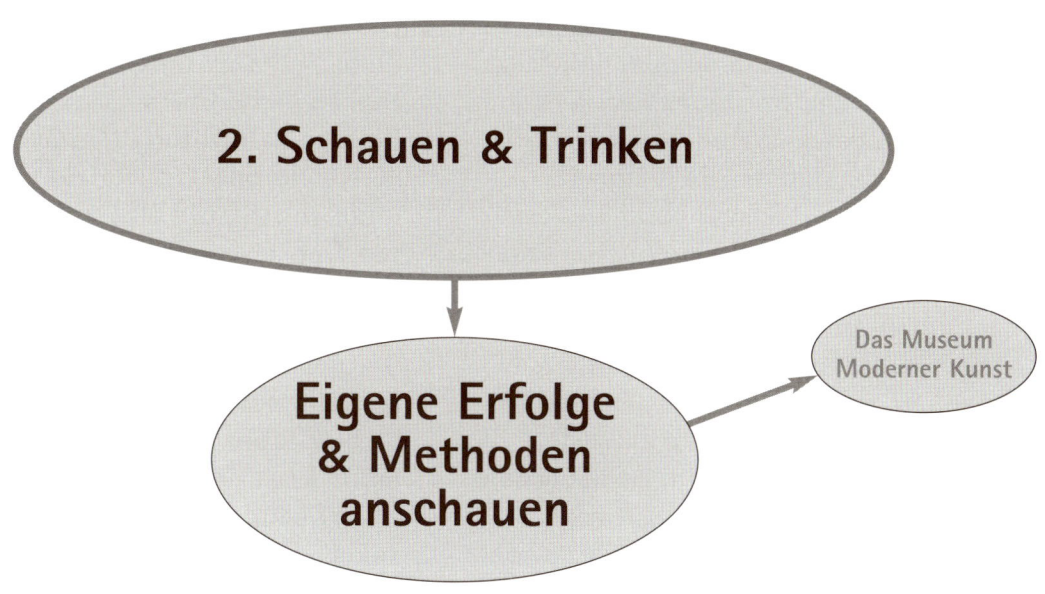

2. Schauen & Trinken

Eigene Erfolge & Methoden anschauen

Das Museum Moderner Kunst

MICHAEL THANHOFFER

Bilder bringen uns auf viele Ideen. Sie lassen uns in kürzester Zeit auf entfernten Plätzen ganz neue Situationen erleben. Entfernung und Zeit scheinen keine Rolle zu spielen. Wir sehen, was wir sehen wollen. Fantasiebilder sind Bestätigung dessen, was wir uns wünschen und die Wünsche könnten das unsichtbare Bestellformular für die Bilder sein.

Szene mit Bild

Daaas bist du? Dieses kleine Männchen am Rand der hellen Stelle in der Felswand? –
Von wegen Männchen. Immer noch eine Frau! Helle Stelle in der Wand? Ah, ja genau, das war ja kurz nach dem Einstieg. Jedenfalls war es ein außergewöhnliches Erlebnis. Wir waren zum ersten Mal in einer Wand mit dem Schwierigkeitsgrad drei bis vier. Obwohl es sehr anstrengend war, genossen wir diesen Tag ganz besonders. Ich glaube, wir werden nächs-

tes Jahr dort wieder eine Klettertour machen, vielleicht die Süd-Ost-Wand.

Hier kommentiert eine Frau ein Foto aus ihrem Urlaub. Woraus besteht diese Situation? Finden Sie implizite oder offensichtliche Elemente, die Sie in sinnvoller Weise für Ihre Arbeit einsetzen oder nützen könnten?

◆ Die Frau betrachtet ein Bild, das sie selbst zeigt. Sie sieht sich selbst.
◆ Sie spricht dabei (mit einer anderen Person) im Dialog.
◆ Sie sieht sich in einer ganz konkreten Situation bei Verhaltensweisen, die einerseits auf die konkreten Details der Umgebung (Felswand), andererseits auf ihre eigenen körperlichen und mentalen Möglichkeiten Rücksicht genommen haben.
◆ Das Bild bestätigt eine erfolgreich durchgeführte Aktivität.

2. Schauen & Trinken

3. Spielen

4. Reden

5. Entdecken

6. Wollen

7. Genießen & Pflegen

So machen wir's

- Zufriedenheit über eine erfolgreich durchgeführte Kletteraktion impliziert einen balancierten Regelkreis (System) zwischen Ideen, Wahrnehmungen, Planungen, Handlungen, Reflexionen.
- Die Aktivität war anstrengend und trotzdem unterm Strich ein großer Genuss.
- Der Schwierigkeitsgrad des damals Ausgeführten und jetzt Betrachteten lag über dem bisherigen persönlichen Niveau und doch im Bereich einer realistischen Leistungssteigerung.
- Beides signalisiert einen persönlichen Lernerfolg und Kompetenzzuwachs.
- Der Kommentar der Frau schließt sowohl am historischen Inhalt an („dort wieder eine Klettertour") als er auch ein Bild für die Zukunft entwickelt („vielleicht die Süd-Ost-Wand"). Er nutzt die Wurzel der Erinnerung für neue Möglichkeiten.
- Beim Betrachten einer Situation aus dem eigenen „Er-Leben" werden Emotionen und körperliche Erinnerungen aus dieser Situation mobilisiert: Manchmal fühlt es sich an, als wäre es gerade wie damals.

- Die Frau nimmt für den Dialog ein Ding (Bild) zu Hilfe, um besser sprechen zu können und besser verstanden zu werden.
- Bei der Betrachtung des Bildes werden ihr Details bewusst, von denen sie *nichts mehr wusste*, die also in ihrem bewussten Denken keine erkennbare Wirkung mehr entfalten konnten.
- Ein Bild aus dem Bildband über dieses Bergmassiv zeigt vielleicht den Berg besser oder eine sportlich exaktere Klettertechnik, aber es zeigt nicht, dass diese Frau diese Tour erfolgreich gegangen ist. In Bezug auf die Frau ist der Bildband keine Bestätigung der persönlichen Möglichkeit und erfolgreichen Leistung.

In dem Maße, in dem Sie die vorangegangene Analyse und Interpretation nachvollziehen und auf sich selbst übertragen können, kann Ihnen das Betrachten früherer Arbeiten und Leistungen in der Vorbereitungsphasen Ihrer Arbeit hilfreich sein.

Wir fassen zusammen, was das Betrachten von Dokumenten, die die eigene Leistung zeigen, an positiven Kräften mit sich bringt:

- Was Sie schon einmal erfolgreich gemacht haben, ist bereits einmal erfolgreich gewesen. Unbestritten.
- In Erfolgen stöbern signalisiert Ihrem Gehirn, dass es um Erfolge geht.
- Techniken, Methoden und Fertigkeiten, die Sie bereits erfolgreich eingesetzt haben, stehen Ihnen wieder zur Verfügung, wenn Sie sich an sie erinnern.
- Aus dem Betrachten entstehen außerdem mögliche neue Ideen für die Zukunft.
- Sie treten mit sich und/oder anderen in einen Dialog über Erfolge, Leistung und alte und neue Wege.
- Viel deutlicher als beim Übernehmen von Methoden aus einem Buch finden Sie Ermutigung im Betrachten eigener Produkte und Erfolge.
- Und falls Sie in allen Ihren Vorbereitungsschritten zu keiner neuen, kreativen, überzeugenden Methode bzw. Idee kommen, dann liefern sie Ihnen zumindest einen Einblick in Ihr bisher einstudiertes Repertoire, zu dem manche Ihrer TeilnehmerInnen anerkennend sagen könnten: „Er ist da so sicher und leichtfüßig vorgegangen. Ich bewundere seine Routine und Sicherheit in der Methodenwahl!"

Eigene Erfolge & Methoden anschauen

Das Museum Moderner Kunst
Sammlung Ludwig oder Sammlung Karl ...

Die Sammlung begründen

KARIN EICHHORN-THANHOFFER

Die Sammlung Ludwig ist eine der bedeutendsten Sammlungen von Werken der Gegenwartskunst. In Wien wird ein Teil davon im Museum Moderner Kunst im Museumsquartier ausgestellt.

Die Sammlung Ludwig steht hier als Metapher für die Methode, Einzigartiges zu sammeln und die entstandene Sammlung in unterschiedlicher Weise zu nutzen.
Wir betrachten die Sammlung als ein Werkzeug, sich einen Überblick über ein bestimmtes Thema zu verschaffen und Entwicklungen in diesem Bereich nachvollziehen zu können. Darüber hinaus haben die SammlerInnen die Befriedigung, auf den Reichtum einer langen Zeit der konzentrierten Beschäftigung mit diesem Thema zurückzublicken.
Aus den folgenden Gründen raten wir Ihnen, eine Sammlung von Dokumenten aus Ihrer Arbeit anzulegen und sie sich auch in einer Art Ausstellung und Übersicht zugänglich zu machen: Ihre ganz persönliche Sammlung „Ludwig" oder eben „Karl", „Susanne" oder „Anneliese".

◆ Das Ausstellen Ihrer Sammlung bringt Übersicht über die bisherige Entwicklung und Leistung.
◆ Eine Zusammen(dar)stellung vieler einzelner Objekte ermöglicht das Erkennen eines gemeinsamen, größeren Zusammenhanges und übergeordneter, charakteristischer Verbindungen und Strukturen.
◆ Manche Objekte/Teile der Sammlung entwickeln später eine neue Bedeutung.
◆ Manche Objekte entwickeln in der Nachbarschaft anderer und im Bezug zu ihnen neue Aspekte – manchmal überraschende.
◆ Unterschiedlichkeit und Einzigartigkeit der einzelnen Objekte sind wichtig.
◆ Das Durchziehen einer Linie, auch wenn sie nur sehr grundlegend und wenig vordergründig ist, erhöht den Wert der Sammlung und unterscheidet sie so vom Zufallsprodukt jahrelanger Anhäufung. Aus der Sammlung werden Schwerpunkte und Vorlieben sichtbar.
◆ Sowohl die einzelnen Werke wie auch die Sammlung sind nicht nur Ausdruck prinzipieller Ideen, sondern vor allem Ausdruck Ihrer einzigartigen Person als ProduzentIn und SammlerIn.
◆ Die Sammlung wird lange in relativer Zurückgezogenheit entwickelt und geordnet, bevor sie an die Öffentlichkeit gebracht wird. Das Ziel ist konzentrierte Fülle. Diese Fülle schafft Befriedigung und Sicherheit.

2. Schauen & Trinken

3. Spielen

4. Reden

5. Entdecken

6. Wollen

7. Genießen & Pflegen

So machen wir's

Das Museum Moderner Kunst → Die Sammlung begründen → Die Sammlung benutzen

MICHAEL THANHOFFER

1 Das leere Ding

Sie legen einen großen Pultordner bereit, einen dieser bisweilen im Büroalltag überzuquellen drohenden Ordnungshelfer. Wenn Sie wählen können – schöne Dinge animieren bekanntlich stärker – in der schönsten Form und Farbe, die Ihnen zugänglich ist. Das seitliche Register zeigt praktischerweise die Buchstaben im Alphabet (nicht die 31 Tage eines Monats).

2 Zeit zum Füllen

Sie sichern sich zwei bis drei Stunden, in denen Sie die leere Sammlung so füllen können, dass Sie mit ihr erste Experimente starten können.

3 Erstes Füllen

In Ihrem gewohnten Ablagesystem haben Sie in einzelnen Mappen jede Ihrer bisherigen Veranstaltungen, Trainings, Aufträge dokumentiert, manche Notizen auf Post-its gesammelt, Variationen bekannter Ideen auf einzelnen Blättern skizziert, selbst entwickelte Methoden und Elemente beschrieben.

Diese Dokumentationen sind manchmal sehr umfangreich, manchmal auch eher sparsam ausgefallen. Das tut nichts zur Sache. Blättern Sie diese Sammelmappen durch und nehmen Sie jede einzelne realisierte Idee heraus, um Sie in den neuen Ordner einzusortieren.

4 Freuen Sie sich an der neuen Dokumentation Ihrer Erfolge und Einzigartigkeit

Nach jeder Arbeit können Sie Ihre Sammlung um einige Stücke erweitern und wachsen lassen.

? Wort oder Bild?

Sammeln Sie Methoden, Zitate, Designs, Übergänge, Notizen über Material, Details jeder Art. Entscheidend ist, dass es Ihnen persönlich schon mindestens einmal (aber einmal ist auch oft genug!) genutzt hat oder gelungen ist.

Sammeln Sie sowohl geschriebene Worte als auch Skizzen, Bilder, Fotos. Damit ermöglichen Sie Ihrem Gehirn bei kommenden Suchaktionen sowohl zu lesen als auch zu schauen und erhöhen damit Ihre eigene Aufnahmegenauigkeit.

? Original oder Kopie?

Der Nutzen der neuen Sammlung wird größer sein, wenn Sie die Originale in der Sammlung aufbewahren und bestenfalls für die Mappe in der Ablage eine Kopie anfertigen. (Vielleicht reicht Ihnen aber auch ein kurzer Verweis auf den aktuellen Aufbewahrungsort.)

Für eine Nutzung zu immer späteren Zeitpunkten, und auf die kommt es ja an, ist die anregendere Wirkung der Originale ein Vorteil. Nach unserer Erfahrung können wir

2. Schauen & Trinken

3. Spielen

4. Reden

5. Entdecken

6. Wollen

7. Genießen & Pflegen

So machen wir's

66

mit dem Original in der Hand eindrücklicher spüren, dass es ein Stück aus dem eigenen Berufsleben ist, das zu einer positiven Erfahrung, zu einem Erfolg beigetragen hat.

Genügt nicht eine Art Inhaltsverzeichnis in Listenform?

Diese Art einer Sammlung bietet mentale Reize, die über das Maß hinausgehen, das eine Liste bieten kann. Eine Liste, also ein Inhaltsverzeichnis, müsste sich auf Buchstaben beschränken und bietet in der Regel nur sehr wenigen Worten Platz. Sie eignet sich eher für noch größere Mengen von Überschriften, aber sehr viel weniger, um auf einen raschen Blick ungewöhnliche Anstöße zu entdecken.

Was ist mit Samplern?

Sampler, also Blätter mit komprimiert dargestelltem Ablauf oder einer ganzen Hand voll Methoden und Gestaltungselementen, manche davon möglicherweise mit einer situationsabhängigen Variation ergänzt, empfehlen wir Ihnen in zweifacher Weise einzuordnen. Das Original (mit dem auch die Erinnerung an das Ganze, beispielsweise ein konkretes Seminar mit einer bestimmten Teilnehmergruppe verbunden ist) könnten Sie als solches einordnen. Die einzelnen Elemente finden als kopierte Textteile oder auf einem neu geschriebenen Blatt (besser: Auffrischung!) noch einmal extra einen Platz oder sind schon unter ihrem Buchstaben dort abgelegt.

Pultordner oder nicht doch lieber Notebook?

Der Computer kann sicher alle Aufgaben, für die er programmiert wurde, rascher bewältigen. Für unsere Ansprüche im Zusammenhang mit den Themen Einzigartigkeit, Originalität von Prozesselementen, Stimulation kreativer Schritte über vielfältige sinnliche Wahrnehmungen, Inszenierung von Interaktionen und Aktivitäten, die dann ihrerseits nicht über Computer abgewickelt werden, ist die herkömmliche Art des Sammelns wirkungsvoller zu bewerkstelligen (von der Gelegenheit, nicht noch eine zusätzliche Stunde vor dem Bildschirm sitzen zu müssen, einmal abgesehen).

MICHAEL THANHOFFER

Kommen wir zurück zu unserem Ausgangspunkt. Wir wollten uns damit beschäftigen, in welcher Weise und mit welcher Wirkung wir **Schauen** für unsere Arbeit nutzen können. Ihre „Sammlung Ludwig", also Ihre ganz persönliche und Ihren Namen tra-

2. Schauen & Trinken

3. Spielen

4. Reden

5. Entdecken

6. Wollen

7. Genießen & Pflegen

So machen wir's

gende Sammlung bisher gelungener Methoden und Erfolge, ist ein eindrucksvolles Zeichen Ihrer Erfolge. Es ist eine sehr spezifische und wachsende Form Ihrer persönlichen Visualisierung des Satzes: „So arbeite ich kreativ".

Diese Sammlung trägt Ihre Handschrift – im übertragenen wie auch im ursprünglichen Sinn des Wortes. In lockerer Weise finden Sie dokumentiert, welche Schritte Sie auf Ihrem beruflichen Weg gegangen sind. Sie finden eine Darstellung über die persönliche Charakteristik dieser Schritte und Schrittkombinationen.

Diese Darstellung mag anderen Personen nur sehr eingeschränkt oder gar nicht zu-

gänglich sein und sie können möglicherweise auch viele Hintergründe, Gedanken, Absichten und Werthaltungen nicht verstehen oder nachvollziehen. Das ist aber auch gar nicht Ihre erste Intention gewesen.

Diese Sammlung ist vorerst einzig für Ihren sehr persönlichen Gebrauch da. Die Sammlung durchzublättern ist wie eine schnelle **Zeitreise durch Ihre bisherige Berufstätigkeit**. Sie reisen sowohl durch viele Emotionen als auch durch konkrete Sachlichkeit. Das auf Ihre Erinnerung ausgerichtete Auffrischen kann dazu dienen, **Erfolgreiches** zu **wiederholen**, **Vorliegendes** zu **variieren** oder sich **zu neuen Ideen anregen** zu lassen.

KARIN EICHHORN-THANHOFFER

Im Hinblick auf Ihr Wohlfühlen und Ihre Leistungsfähigkeit hat das Trinken in dieser Phase eine entscheidende Bedeutung. Wir betonen das deshalb so, weil es gerade in Zeiten hoher Konzentration oft passiert, dass wir darüber vergessen, unserem Körper ausreichend Flüssiges zuzuführen. Das belastet uns – und unser Gehirn – aber unnötig und wäre so leicht zu umgehen. Wir müssten nur daran denken, rechtzeitig wieder ein Glas Wasser zu trinken.

Durst ist eine Empfindung, mit der uns unser Körper erst versorgt, wenn schon höhere Alarmbereitschaft in Richtung Unterversorgung besteht. Sobald wir 2 bis 3 % unseres Gesamtwassergehalts (rund 60 % des Körpergewichts, wenn Sie also 60 kg wiegen, sind 3 % 1 Liter) verlieren und nicht ersetzen, befinden wir uns im Zustand des Wassermangels und sind auch in unserer geistigen Leis-

2. Schauen & Trinken

3. Spielen

4. Reden

5. Entdecken

6. Wollen

7. Genießen & Pflegen

So machen wir's

tungsfähigkeit beeinträchtigt. Unsere Nieren haben schon begonnen, die Wasserausscheidung zu reduzieren, um den Zustand nicht noch zu verschlimmern. Gleichzeitig ist unsere Leistungsfähigkeit schon abgesunken, Konzentrationsstörungen setzen ein. Manche Menschen bekommen Kopfschmerzen, wenn sie zu wenig trinken. Der Transport von Nährstoffen zu den Organen wird durch Flüssigkeitsmangel eingeschränkt, ebenso wie der Abtransport von Stoffwechsel-Abbauprodukten zu den Ausscheidungsorganen. Je weniger im Körper fließt, umso weniger fließt auch in unserem Gehirn und in unseren Gedanken.

Warum das so ist, dass Flüssigkeitsmangel auch unsere geistige Leistungsfähigkeit beeinträchtigt, ist physiologisch übrigens bisher nicht geklärt. Dass es so ist, ist durch viele Beobachtungen und Studien nachgewiesen. Das Gehirn selbst ist tatsächlich sehr trocken, es besteht aus Lipiden, die kein Wasser aufnehmen. Dennoch ist es so, dass sich der Wasserhaushalt im Körper direkt auf das Gehirn auswirkt. Grund genug also, darauf zu achten.

Für eine ausgeglichene Bilanz müssen wir am Tag rund 2,5 Liter Flüssigkeit zu uns nehmen. Etwa ein Drittel davon kommt aus der festen und halbflüssigen Nahrung. Den Rest müssen wir trinken, am besten in Form von Wasser, Tee, Obst- und Gemüsesaft und Kombinationen daraus. Das wissen Sie.

Kaffee und Alkohol brauchen für den Abbau ihrer Inhaltsstoffe Wasser und veranlassen eine erhöhte Flüssigkeitsausscheidung. (Wenn Sie Ihre Denk- und Arbeitsphasen gelegentlich in Wien in ein Kaffeehaus verlegen, ist aber für den Ausgleich gesorgt, da Ihnen zum Kaffee immer ein Glas Wasser serviert wird. Ein guter Platz zum Arbeiten!)

Genug Physiologie. Woran wir Sie in diesem Abschnitt erinnern wollten, ist, dass Sie es sich beim Arbeiten gerade in dieser ersten Phase der Vorbereitung, in der Sie vielleicht noch nicht genau wissen, in welche Richtung Ihre Arbeit gehen wird und auch noch nicht ganz klar sehen, wie der Erfolg zu Stande kommen soll, auch körperlich gut gehen lassen sollten. Wir haben an uns selbst herausgefunden, dass **Trinken** eine **wirksame Möglichkeit** ist, unsere **Gedanken zu lösen**.

Neben den positiven physiologischen Effekten schätzen wir am Trinken auch, dass es uns die Möglichkeit verschafft, in regelmäßigen Abständen unseren Schreibtisch zu verlassen. Diese Platzwechsel, auch wenn sie nur kurz sind, führen immer wieder zu neuen Ideen und Gedankenkombinationen.

2. Schauen & Trinken

3. Spielen

4. Reden

5. Entdecken

6. Wollen

7. Genießen & Pflegen

So machen wir's

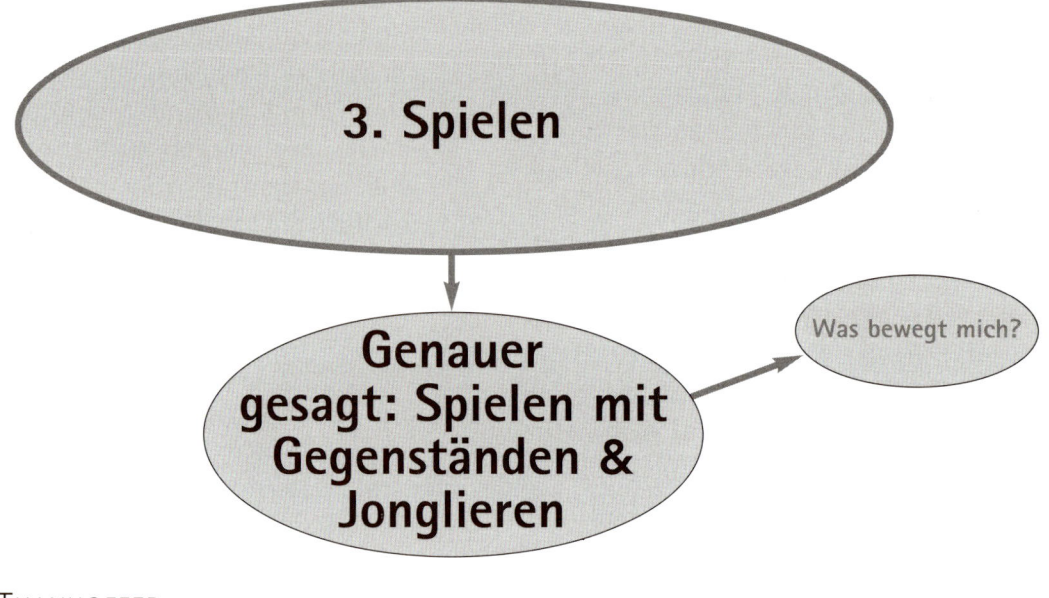

3. Spielen

Genauer gesagt: Spielen mit Gegenständen & Jonglieren

Was bewegt mich?

MICHAEL THANHOFFER

3. Spielen

4. Reden

5. Entdecken

6. Wollen

7. Genießen & Pflegen

So machen wir's

In diesem Abschnitt lesen Sie davon, wie Sie spielerisch in Ihre Arbeit, vor allem in Ihre Vorbereitungs- und Entwicklungsarbeit einsteigen können, wie Sie Ihre spielerischen Möglichkeiten nutzen, wie Sie Kreativität auf unkonventionellen Wegen begegnen können, wie Sie Ihre **Hände** nicht nur zum Schreiben, sondern in ihrer ursprünglicheren Verwendungsart an Ihren Seminarvorbereitungen beteiligen und das genießen, und wie Sie sich – was ja in Vorbereitungssituationen oft besonders wichtig ist – auch rasch und kurzweilig um einige Grade entspannen können.

Es geht ums Spielen und wir laden Sie herzlich ein mitzuspielen, indem Sie ein wenig Zeit zum Lesen investieren. Dazu kommt **Aufmerksamkeit** für neue Details und Zusammenhänge, und vor allem auch **Wohlwollen für die Denkergebnisse** in Ihrem Gehirn, die im Laufe der nächsten Minuten entstehen könnten.

Es ist gar nicht unwahrscheinlich, dass Ihre neuen Ideen erst sehr klein und noch nicht perfekt entwickelt sind oder gar nur eine Vorstufe, deren Potenzial sich erst verschwommen erahnen lässt ...

Am Strand sitzen und den Wellen zusehen, den nassen Sand durch die Finger rinnen lassen. Spielen wie Kinder ohne bewusstes Zeitgefühl und ohne Tempodruck. Linien in den Sand kratzen, mit den Händen eine Sandpyramide zusammenschieben. Steine dazu legen, einen kleinen Damm bauen. Die Lust am Zuschauen, wie der helle Sand, von den zurückrinnenden Wellen mitgerissen, zwischen den geordneten dunklen Steinen durchrinnt. Das Wasser. Die Wellen. Der Sand. Die Bewegung ...

Spielen, entdecken, experimentieren, zulassen – das klingt ja wirklich nach Urlaub am einsamen Strand, nach stehen gebliebener Zeit, unterschiedlichsten Körpererfahrungen, vielfältigen Sinneseindrücken,

Entdeckungen, Überraschungen, Fülle, Großzügigkeit.

Doch es hat viel mehr mit unserer Arbeit zu tun, als wir auf den ersten Blick vermuten würden. In der Folge unserer Vorbereitungsschritte sind wir nun bei der Einbeziehung **aller Sinne** angelangt. Vor allem die Möglichkeiten, die uns unsere Hände und Finger bieten, stehen im Vordergrund. Dazu kommt die Betonung dreier Prinzipien:

◆ Zufall,
◆ Wiederholung,
◆ Tempowechsel.

Es bewegt sich etwas. Dinge bewegen sich, werden bewegt. Hände bewegen etwas. Wie der Körper agiert, wirkt auf Gedanken und Emotionen. Werden die Bewegungen der Hände langsamer, nimmt der Tempowechsel Einfluss auf das Gefühl von Zeit in unseren Gedanken. **Spielerische Möglichkeiten unseres Körpers werden mental genutzt.**

Karin Eichhorn-Thanhoffer

Wenn ich mich bewege, bewege *ich* mich dann oder bewegt *es* mich? Wenn meine Finger mit meinem Bleistift spielen und mit den Würfeln, die ich auf meinem Schreibtisch liegen habe, oder mit meinem Schlüsselbund in der Manteltasche, während ich denkend spazieren gehe, steuern dann meine Gedanken die Bewegung oder steuert die Bewegung meine Gedanken? Ist mein bewusstes Ich Steuerfrau des spielerischen Klimperns oder klimpert es unbewusst und steuert mein Bewusstsein?

Ich schaue den Hühnern am Bauernhof beim Scharren zu und frage mich: Entscheiden sie sich für das fortwährende Picken oder folgen sie einem inneren Programm? Den Hühnern unterstelle ich gleich biologische Programmierung. Aber wie ist das bei mir selbst, wenn ich an der Fußgängerampel warte und bemerke, wie ich dabei selbstvergessen meinen Daumen ununterbrochen und rhythmisch über meine vier anderen Fingernägel gleiten lasse und zurück kreisend den Daumennagel innen an den Fingerkuppen vorbeiführe, um danach die Kreisbewegung wieder von vorn beginnen zu lassen.

Ich kenne diese meine versonnene Nachdenk-Bewegung, die Selbstvergewisserungs-Geste, das Fingerspiel, wenn einmal

3. Spielen

4. Reden

5. Entdecken

6. Wollen

7. Genießen & Pflegen

So machen wir's

kein Bleistift zur Hand ist. Ich werde ihrer dann und wann gewahr, und wenn ich das werde, höre ich meistens nach einiger Zeit damit auf, weil ich mich selbst wundere, warum ich das mache.

Wahrscheinlich sollte ich mir keine Sorgen machen, sondern eine Illusion aufgeben. Die Illusion, dass ich alle meine Bewegungen, alles, was ich tue, durch meinen bewussten (und freien) Willen steuere.
Die Hirnforschung versorgt mich mit einem in dieser Hinsicht desillusionierenden Befund: Das Gefühl, eine Entscheidung getroffen zu haben, ist – überspitzt formuliert – Einbildung. Neurobiologisch gesehen ist Freiheit kein treffender Ausdruck. Das, was wir als freie Entscheidung erfahren, ist in der Regel eine nachträgliche Begründung einer Zustandsveränderung, die bereits erfolgt ist. Der **freie Wille** ist neurobiologisch nicht nachzuweisen, sondern eher eine **kulturelle Konstruktion**.

Ist das nun ein deprimierender Befund? Bedeutet das, dass wir durch etwas in unserem Gehirn *ferngesteuert* sind? Gewiss nicht. Was wir als Nächstes tun, ist die Folge von dem, was wir sind. Das Gehirn entscheidet nicht willkürlich, sondern auf der Basis vorher gesammelter Erfahrungen. Das Gehirn greift also durchaus auf eigene Ressourcen zurück. Es reagiert nicht nur wie eine Maschine auf Reize von außen, sondern verarbeitet sie gemeinsam mit bereits Vorhandenem, das individuell zu uns gehörig ist. Unser Gehirn ist zu **ständig neuen Konstruktionen** in der Lage.

Natürlich führen diese Befunde und Annahmen zu der alten Frage, wo im Gehirn der Geist sitzt, wo unser Bewusstsein, das uns als Menschen und Individuen ausmacht. Wo sitzt das *Ich*? Auf diese Frage hat allerdings die Hirnforschung nicht den Schimmer einer Antwort. Lange wurde angenommen, dass es irgendwo im Gehirn einen Platz geben müsse, an dem alte Erfahrungen zusammenlaufen und bewahrt werden, wo verglichen und verarbeitet wird und wo Entscheidungen fallen. Dort säße der „Homunculus", der über unser Bewusstsein wacht, dort wurde auch der Sitz dessen vermutet, was uns über den Körper hinaus ausmacht.
Heute steht fest: Ein solches Zentrum existiert nicht, das Gehirn arbeitet dezentral und vernetzt, unterschiedliche Regionen sind an unterschiedlichen Bewusstseinsvorgängen beteiligt. Das Entstehen von Bewusstsein kann naturwissenschaftlich nicht erklärt werden, und doch weiß jeder, dass es existiert.

3. Spielen

4. Reden

5. Entdecken

6. Wollen

7. Genießen & Pflegen

So machen wir's

Was bewegt mich? → **Spielend in Bewegung kommen** → Müssen wir wirklich noch über Motivation reden?

MICHAEL THANHOFFER

Wir gehen also davon aus, dass wir Bewegungen in unserem Gehirn auslösen, wenn wir unseren Fingern etwas zum Spielen anbieten. Und dass diese Bewegungen in unserem Gehirn neue Bewegungen im Körper auslösen, die quasi simultan in unserem Bewusstsein auftauchen. Und dass aus diesem Bewusstsein heraus eine neue Wirkung auf das Gehirn entsteht, die sich in die nächsten Bewegungen umwandelt und so weiter. Wo genau sich diese neurobiologischen und chemischen Prozesse abspielen, ist dabei unerheblich. Wichtig für uns ist, dass dabei etwas **in Gang kommt**, was uns auf dem Weg zu unserem **Vorbereitungsziel** weiter bringt.

Nachdem unser Gehirn ja nicht von sich aus und aus dem Nichts etwas entstehen lässt, können wir davon ausgehen, dass uns die **Stimulation durch die Bewegung** zu Ressourcen führt, die in uns vorhanden sind, aber möglicherweise gerade eben nicht bewusst bzw. nicht aktiviert sind. Wir finden so also zu Anteilen unseres Selbst, die uns weiterhelfen. Etwas von dem, was unsere eigene Art ist – wobei wir wieder einmal bei unserem Thema wären.

Welche Spielzeuge haben Sie auf Ihrem Schreibtisch parat? Nur Bleistifte und Büroklammern und die Schnur vom Telefonhörer? Ich mag Kugeln und verformbare Gebilde. Kugeln kann ich über den Tisch rollen oder von einer Hand in die andere gleiten oder purzeln lassen; verformbare Gebilde beschäftigen die ganze Hand und machen mich neugierig auf das Neue, das dabei entsteht.

Ich habe Freunde, die Bälle in die Luft werfen und wieder auffangen und wieder hochwerfen und wieder auffangen und wieder... oder Papier falten. Manchmal werden Flugzeuge daraus und manchmal kleine Dampfschiffe. Natürlich eignen sich auch Zigarettenschachteln. Die können gedreht und gewendet, auf- und zugemacht und auch zerlegt werden.

? Zwischenfrage: Gilt auch Spielen mit dem Game-Boy, Kartenspielen, Surfen im Internet, Videoschauen, Blättern in Zeitschriften?

Antwort: Nein! Sie alle ziehen zu viel Aufmerksamkeit auf sich und vor allem: Das Ende ist dabei zu schwer zu erreichen oder sie sind auf endlos programmiert wie das Fernsehprogramm, das rund um die Uhr läuft. Für den Ausstieg, das Aufhören braucht es dann eine Extraportion Energie in Form einer bewussten Entscheidung gegen den fortlaufenden Prozess, den Sog des Spiels, gegen die Verführung weiterzuspielen bis zu einem indifferenten Schlusspunkt.

Suchen Sie daher nach einem Spiel(zeug), das sich leicht wieder aus der Hand legen lässt, wenn der Moment zum Umstieg auf die Arbeit gekommen ist.

Schön ist es auch, wenn Sie sich Spielsachen beschaffen können, die schon etwas mit der bevorstehenden Arbeit zu tun haben:

Ein Auftrag für die Autoindustrie? Da war doch noch irgendwo ein Matchboxauto?

Die Weihnachtsfeier vorbereiten? Wo sind die Flitterengelchen?

Oder eine Vorstandsklausur? Her mit den Holzmännchen!!!

Was Sie auch benutzen, Ihren Briefbeschwerer oder Ihr Feuerzeug, es macht Ihnen hoffentlich Spaß und ist ein gutes Greif-Erlebnis. Vielleicht kaufen Sie sich gelegentlich auch ein neues Schreibtischspielzeug. Abgesehen von der eigenen Spielfreude und von der ideenfördernden Wirkung wird sich auch mancher Ihrer BesucherInnen und GesprächspartnerInnen gern damit beschäftigen, und dann entspannt sich leicht die Beziehung und entspinnt sich spielerisch etwas Neues zwischen Ihnen.

Eine Nachbemerkung für besonders vorsichtige SpielerInnen:

? Kann es nicht auch vorkommen, dass beim Spielen überhaupt nichts Brauchbares herauskommt?

Sicher, das kann schon einmal vorkommen. Wie für alle anderen Methoden lässt sich auch für das Spielen keine Erfolgsgarantie geben. Aber es lohnt den Versuch.

Eine Voraussetzung für ergebnisträchtiges Spielen ist, dass Sie selbst auf Ihr Thema ausgerichtet sind. Sie haben sich innerlich dafür entschieden. Ihre Absicht, Ihr Wollen ist da. Ein genügend großes Stück an Bereitschaft gehört auch dazu. Sie gestehen sich die vorhandene Verquickung Ihres Wollens mit ambivalenten oder bremsenden inneren Kräften, die sich viel lieber mit ganz anderen Dingen beschäftigen würden, aber das jetzt nicht dürfen, ein. Und Sie setzten auf Ihren Wunsch, das Ziel zu erreichen.

Für den Fall, dass einmal trotz allen Wollens und Bereitseins doch nichts herauskommt, haben wir hier noch drei Antworten für Ihre Skepsis parat:

? Was bringt das Spielen, selbst wenn es einmal nichts für Ihr Arbeitsziel bringt?

1 Sie haben durch das Spielen einige Minuten Entspannung gewonnen. Diese Entspannung war leichter zu beenden als Surfen im Internet oder Zeitung lesen.

2 Sie haben sich mit Gedanken und Gegenständen beschäftigt, die im engeren Sinn mit der anstehenden Arbeit, dem aktuellen Auftrag oder Auftraggeber sowie mit Ihren eigenen Handlungsmöglichkeiten assoziierbar sind. Sie konnten sich also gar nicht *nicht* mit dem Thema befassen.

3 Vielleicht passt eine andere Methode einfach besser zu Ihnen!

Spielend
in Bewegung
kommen

Müssen wir wirklich noch über Motivation reden?

Stehen –
Gehen –
Jonglieren

KARIN EICHHORN-THANHOFFER

Ich nehme an, über Motivation haben Sie schon viele Stunden nachgedacht, nachgelesen und bestimmt noch mehr Stunden diskutiert: Wie funktioniert sie, funktioniert sie überhaupt, kann einer den anderen motivieren, kann ich mich, sie dich, wer wen motivieren? Warum sollen diese Fragen also hier noch einmal gestellt werden?

Aus zwei Gründen:

◆ Weil **Motivation** mit **Bewegung** zu tun hat und

◆ weil es dabei um die Frage geht: „Wie baue ich mir einen Generator ein?" oder „Wie kriege ich mich selbst dazu, das zu tun, was ich will?"

Denn wahrscheinlich herrscht Einigkeit zu der Aussage, dass ich meine Arbeit besser erledigen und meine Ziele leichter erreichen werde, wenn ich dazu motiviert bin.

Nur leider läuft das eben nicht immer, sind meine inneren Beweggründe (= Motive) nicht jederzeit wirksam genug, um mich freudvoll auf das Angestrebte losstürmen zu lassen. Stimulation tut Not. Nachdem wir aber alle gelernt haben, dass der Ein/Aus-Schalter für unsere Arbeitslust innerhalb unserer individuellen Grenzen liegt und daher nur von innen (= von uns selbst) bedient werden kann, müssen wir uns eben selbst darum kümmern, in diesen Zustand (= Motiviertheit) zu kommen, in

dem unsere Handlungen vom Gefühl des freien Willens und positiven Angeregt-Seins begleitet werden.

Spielen hilft. **Herumspielen und aufmerksam sein** für das, was auftaucht, hilft deshalb, weil sich jene inneren Anteile melden werden, die gerade Lust auf Bewegung haben. Damit haben wir schon einmal einen Teil unserer „inneren MitarbeiterInnen" auf unserer Seite und gute Chancen, dass noch mehr nachkommen.

Spielen hilft auch deshalb, weil wir nur in einer Umgebung spielen, die uns angenehm ist und wohl tut. Anderswo kommen wir nicht auf die Idee zu spielen. Wir haben also bereits mit hoher Wahrscheinlichkeit für ein **gutes Umfeld** gesorgt, wenn wir unser Spielzeug freudvoll zu Händen nehmen.

Drängen, Ziehen, Antreiben, Verführen, Bestechen und Bedrohen – alle diese bestenfalls für kurze Zeit wirksamen Versuche aus der Werkzeugkiste der Motivierung werden wir uns selbst gegenüber nicht anwenden wollen – wenngleich jede von uns bestimmt schon einmal in der Lage war, sich selbst ordentlich unter Druck setzen zu müssen, um eine Aufgabe zu erledigen. Aber da reden wir ExpertInnen ja dann nicht von „Motivation", oder?

3. Spielen

4. Reden

5. Entdecken

6. Wollen

7. Genießen & Pflegen

So machen wir's

Motivation ist innere Bewegtheit auf eine Sache zu. Motivation gehört zu uns und jede hat sie in sich, muss sie aber manchmal erst entdecken und einladen, sich in ihrer ganzen Schönheit zu entfalten. Motivation bewegt. Ein Grund mehr, sie mit Bewegung einzuladen oder einfach in Bewegung zu kommen und darauf zu vertrauen, dass die Motivation nachkommt.

Was bringt mich in Bewegung? Manchmal ja leider wirklich gar nichts. Und dennoch wartet ein Auftrag, lauert ein Termin, muss ich morgen einen Workshop moderieren. Also muss ich mich in eine andere Haltung bringen. In diesem Fall setze ich auf **Übergangsphasen**, und die haben so gut wie immer mit Bewegung zu tun.
Bevor sich die innere Bewegtheit in Gestalt von Motiviertheit in Gang setzt, bewege ich mich einmal äußerlich. Weg vom Sofa, hin- und hergehen hilft schon, ein wenig aufräumen auch, Papier und Stifte auf dem Tisch arrangieren, den Sessel richten, alles das noch scheinbar ohne Ziel und Zweck, aber in Bewegung. Und dann lasse ich mich kritzeln oder eine Kugel über den Tisch rollen oder mit Bleistiften klappern. Erste Kringel auf dem Papier, fein!
Jetzt weitermachen, **in Bewegung bleiben**, Worte, Verbindungslinien dazwischen. Wahrscheinlich werde ich dieses erste Blatt letzten Endes wegwerfen, später, aber jetzt ist es das Wichtigste, weil es meine Bewegungen stimuliert, meinen Motor aufzieht.

Apropos: Ich hatte einmal so einen kleinen Aufziehfrosch aus Blech, der, einmal in Gang gebracht, gut einen halben Meter über die Tischplatte gehüpft ist. Dann brauchte er wieder Aufzieh-Nachschub.

Mit dem habe ich besonders gern gespielt in solchen Phasen. Immer wieder aufziehen, hüpfen lassen, mich an dem kleinen Scheppergeräusch gefreut. Dann wieder aufziehen. Ich war seine „Motorin", bis er mein Motor geworden ist. Irgendwann nach sieben oder acht Froschrunden war ich nämlich meistens reif für Bleistift und Papier. Dann konnte er ausschnaufen, stehen bleiben, sich für meine erste Pause bereithalten.

In vielen Abhandlungen zum Thema Motivation ist nachzulesen, dass man unbedingt darauf achten solle, die bloße Betriebsamkeit von der echten Motivation zu unterscheiden. Bei ersterer würde nur herumklamüsert und Staub aufgewirbelt. Erst die zweite, die sei die wahre Motivation und bringe langfristig etwas weiter.
Sicherlich stimmt das, aber in der Phase der Vorbereitung, über die wir uns hier unterhalten, will ich doch mit Nachdruck eine Lanze brechen für die **Betriebsamkeit als Hilfsmotor**. Solange ich nämlich gar nichts tue, komme ich grundsätzlich schwer in Bewegung. Wenn ich mich schon einmal rühre und Bälle durch die Luft werfe, ist der nächste Schritt zum Gedanken und Worte werfen nur noch ein kleiner.

Also, wenn das große Ding noch nicht läuft, seien Sie ruhig ein bisschen betriebsam und üben Sie jonglieren. Ihrem Gehirn tut es auf jeden Fall gut, Ihrer Konzentrationsfähigkeit auch. Und Sie kommen mit Sicherheit in Bewegung.

3. Spielen

4. Reden

5. Entdecken

6. Wollen

7. Genießen & Pflegen

So machen wir's

Müssen wir wirklich noch über Motivation reden?

Stehen – Gehen – Jonglieren

Was TrainerInnen alles jonglieren

MICHAEL THANHOFFER

Selbstgespräch

Spielen ist mir zu kreativ. Viel zu anspruchsvoll jetzt am Morgen. Wenn ich jetzt so spielen würde, wie mir zu Mute ist, befürchte ich, dass ich in Kürze einschlafe. Ich bin noch ganz steif und kann mich kaum bewegen. Auch würde mir wahrscheinlich sowieso nichts Brauchbares dabei einfallen. Immer dieser Kreativitätszwang. Ja, ja, ich weiß schon, positiv denken...

Viel lieber würde ich etwas ganz Einfaches machen. Etwas, wo ich ganz in Ruhe (ja – ich bin noch in Ruhestimmung!) und langsam anfangen kann. Etwas, wo schon alles vorgegeben ist, wo sich immer dasselbe ständig wiederholt. Mentale Einfachheit durch Wiederholungen. Wo Gedankenlosigkeit und temporäre Gedankenleere nicht stören. Wo ich nicht überfordert bin. Etwas, das ich eben schon kann und das mir sichere Erfolgserlebnisse bringt.

Häufig beim Arbeitseinstieg am Morgen, aber auch untertags, z. B. nach manchen speziell stressbelasteten Arbeitssituationen, scheint es nur mit großem Aufwand möglich zu sein, auf eine kreative, persönlich ausdrucksstarke oder anspruchsvolle Arbeit umzusteigen. Entwicklung neuer oder Adaption bestehender Methoden, Vorbereitung neuer Seminareinheiten oder Einstimmung auf Moderationen mit individuellem Gestaltungsspielraum sind dann besonders heikel.

Häufig verlangen vorangehende Tätigkeiten wie
◆ Auto fahren,
◆ Verwalten,
◆ Administrieren,
◆ Telefonieren,
◆ Organisieren,
◆ Verhandeln,
◆ Streiten,
◆ Kontrollieren,
◆ Kalkulieren,
◆ Korrektur lesen
nach **Übergangshilfen**, die Sie rascher, reibungsloser, kompletter in die wesentlich anders geartete Qualität der kommenden Arbeit einsteigen lassen.

Es geht also darum,
◆ einen in seiner Beschaffenheit ganz eigenartigen, wirksamen Weg des Übergangs zu entwickeln und zur gewohnten, wohltuenden Routine zu machen und
◆ die persönliche Ausdrucksweise auch in diesen Bereich hinein auszubauen.

3. Spielen

4. Reden

5. Entdecken

6. Wollen

7. Genießen & Pflegen

So machen wir's

77

Mit den folgenden Übungen respektieren wir das **Zusammenspiel von körperlicher und mentaler Bewegung** und nutzen seine Vorteile. Lassen Sie sich anregen und probieren Sie einzelne der folgenden Übungen und Impulse aus. Wir wünschen Ihnen, dass Sie etwas entdecken, das Ihnen einfach gut tut.

Stehen

Sie sitzen.

Oder? Das ist einfach, wenig anstrengend. Nur wenige Muskel sind für die Aufrechterhaltung dieser Position aktiv tätig. Wahrscheinlich könnten Sie sehr lange in dieser Haltung verharren. Sie könnten dabei möglicherweise gut zuschauen, zuhören, Zeitung lesen, plaudern, Eistee trinken, die restliche Fahrtzeit verstreichen lassen.

Sitzen lässt uns an Eigenschaftsworte wie ruhig, stabil, fix, passiv, klein, unbeweglich, stationär denken. Sie berühren Ihre Umwelt (die Oberflächen der Sitzgelegenheit und den Boden) mit dem Gesäß, mit dem Lendenbereich Ihres Rückens, mit den Fersen oder den Zehenballen, möglicherweise auch noch mit den Unterarmen, Ellbogen und der oberen Hälfte Ihres Rückens. Die großen Gelenke Ihres Körpers sind im rechten Winkel abgebogen: Ihre Ellbogen (Unterarm-Oberarm), die Hüfte (Wirbelsäule-Oberschenkel), beide Knie (Unterschenkel). Der Winkel von rund 90° ist für Ihre Gelenke nicht unbedingt die Stellung, die ihnen und den sie umgebenden Muskeln auf Dauer gut tut. Bewegungen sind kaum feststellbar, wahrscheinlich sind die Atembewegungen die einzig sichtbaren. Der sitzende Mensch erscheint kleiner als der stehende. Die **Bewegungsmöglich-** **keiten** einzelner Körperteile sind **stark reduziert**.

Insgesamt ist Sitzen eher nicht die Stellung, die der Körper und das Gehirn mit „Ich bin in Bewegung", „Ich bin aktiv" in Verbindung bringen (wenn wir einmal die Bewegung durch die Benutzung von Verkehrsmitteln außer Acht lassen).

Sie stehen.

Bitte stehen Sie jetzt beim Lesen einfach auf. Sie können die nächsten paar Minuten im Stehen weiterlesen und dabei an sich selbst beobachten, in welcher Weise unser Text mit Ihrer persönlichen Befindlichkeit in Verbindung steht. Schließlich geht es für Sie darum, eigene Details und Besonderheiten deutlicher zu erkennen, um sie dann mehr zu beachten und nutzen zu können.

Ich gehe also jetzt davon aus, dass Sie inzwischen das Buch in die Hände genommen haben und jetzt beim Weiterlesen stehen.

Wie berühren Sie jetzt die Umwelt? Sicherlich mit beiden Fußsohlen, möglicherweise spüren Sie noch mit den Unterschenkeln die Kante des Stuhls hinter sich oder den Rand des Schreibtischs an den Oberschenkeln. Liegt das Buch auf dem Tisch vor Ihnen oder auf einem anderen höheren Platz (Kommode, TV-Gerät, Aktenschrank) oder halten Sie es noch in den Händen?

Die Stellung mehrerer Gelenke und Muskeln hat sich im Vergleich zur Sitzhaltung in jedem Fall sehr verändert. Die **Gelenke** fühlen sich wahrscheinlich **entspannter** an und manche **Muskel** sind **stärker aktiviert**. Kleinere Bewegungen, die oft den ganzen Körper mitbewegen, finden fast ununterbrochen statt. Als Stehender sind Sie größer, gemeinsam mit dem Kopf haben die

Augen ihren Platz um mehr als 50 cm in die Höhe verlagert.

Die Bewegungsmöglichkeiten einzelner Körperteile haben sich stark verändert. Arme, Hüfte, Rücken haben mehr Möglichkeiten gewonnen, die Beine haben bisherige Bewegungsmöglichkeiten gegen andere eingetauscht.

Mit großer Wahrscheinlichkeit haben Sie schon mehrere Male das Gewicht von einem Bein auf das andere verlagert, haben das Buch von einer Hand in die andere genommen oder vor sich hingelegt, sind einen Schritt zur Seite gegangen, haben den Rücken durchgestreckt oder Ähnliches.

Bringen Sie jetzt Ihre Körperwahrnehmung und Ihre Gedanken, Ihre Stellung insgesamt stärker in Verbindung mit den Begriffen „Ich bin in Bewegung", „Ich bin aktiv"? Der Platz, auf dem Sie stehen, ist Ihr **Standpunkt**. Rundherum ist Ihr **Spielraum**.

Ich schreibe dieses Kapitel im Stehen. Das Notebook steht auf einer Art Stehpult. Manuskriptblätter und Stifte liegen daneben und ebenfalls in einer Höhe, die zum stehenden Schreiben einlädt. Manchmal ist diese Position für mich eine sehr geeignete Arbeitshaltung, manchmal ist sie ungeeignet. Entscheidend ist die Frage, ob mir eine andere Körperhaltung heute ein leichteres Arbeiten ermöglichen könnte.

Auch wenn wir dieses Buch nicht als den geeigneten Platz ansehen, um ausführlich über Sport, Training oder Fitness zu schreiben, nehmen wir gerne eine Hand voll kleiner Anregungen aus diesen Bereichen auf, die für professionelle Arbeit in Büro und Seminarraum wirkungsvoll und übertragbar sind. Sie können das aktuelle Wohlbefinden fördern, wirken also körperlich und mental. Probieren Sie, inwieweit das auch für Sie spürbar ist!

Weniger als 5 Minuten Stehen mit Bewegung

1 Beide Arme über den Kopf nach oben strecken, durchstrecken, so als wären Sie eben aus einem langen, angenehmen Schlaf erwacht und aufgestanden.

2 Anschließend (die Arme sind also noch über dem Kopf) die Unterarme fallen lassen, sodass Sie mit einer Hand den Ellbogen der anderen Hand greifen und fest halten können. Diesen fest gehaltenen Ellbogen ziehen Sie jetzt hinter dem Kopf zur anderen Seite hinüber. Festes, aber nicht unangenehmes Dehnen für einige Sekunden. Dieselbe Bewegung jetzt für den anderen Arm.

3 Schieben Sie einen Kasten weg – aber eigentlich dehnen Sie bei dieser Übung nur ein wenig die Unterschenkel: Sie legen die Handflächen in Brusthöhe an eine Kastenwand und gehen mit einem Bein einen Schritt zurück. In dieser Schrittstellung drücken Sie die hintere Ferse zu Boden, sodass der Unterschenkel für einige Sekunden ruhig, angenehm und fest gedehnt wird. Dasselbe mit dem anderen Bein.

4 Bleiben Sie mit einer Hand an der Wand (um das Gleichgewicht zu sichern) und fassen mit der anderen ein Bein am Rist. Sie ziehen die Ferse zum Gesäß und halten sie dort einige Atemzüge lang.

3. Spielen

4. Reden

5. Entdecken

6. Wollen

7. Genießen & Pflegen

So machen wir's

5 Legen Sie beide Handgelenke auf einen ungefähr hüfthohen Aktenschrank (Stuhllehne, Tisch etc.), treten Sie einen großen Schritt zurück und lassen Sie mit möglichst geradem Rücken Kreuz und Kopf einige Atemzüge lang ruhig durchhängen. Beine und Rücken bilden zueinander einen rechten Winkel.

6 Lassen Sie aus dieser Position die Arme nach unten fallen und locker hängen. Stehen Sie so, locker vornüber gebeugt, kurze Zeit, ohne irgendeine Bewegung oder (Dehnungs-)Absicht. Es fühlt sich angenehmer an, wenn Sie die Knie ganz leicht beugen.

7 Richten Sie in möglichst langsamer Zeitlupe Wirbel für Wirbel aus dieser Haltung auf. So langsam, dass Sie mindestens fünf Atemzüge lang dafür brauchen. Der Kopf richtet sich als letztes ganz auf. Wiederholen Sie das lockere Hängen lassen und Aufrichten noch zweimal.

8 Rollen Sie Ihre Schultern zuerst nach vorn und dann nach hinten. Probieren Sie dabei aus, wie es ist, die Schultern ganz zu den Ohren hoch zu ziehen und nach einem weiteren Halbkreis ganz zu senken. Vier oder fünf Kreise in jeder Richtung, mit gesenkten Schultern enden.

9 Abschließendes Fingerspiel von linker und rechter Hand gleichzeitig: Der Daumen berührt nacheinander alle anderen Finger. Das kann recht rasch ablaufen. Nach einigen Durchgängen ändern Sie die Richtung bzw. die Reihenfolge der Finger.

 **10** Arme fest ausschütteln. Fertig. Wacher als zuvor?

Gehen

Im Laufe Ihrer bisherigen Ausbildungslaufbahn sind Ihnen viele LehrerInnen, TrainerInnen, ReferentInnen und Vortragende begegnet. Angefangen von der Volksschule/Grundschule bis hin zum vielleicht erst einige Jahre zurückliegenden Post Graduate Lehrgang oder einer anderen Höherqualifizierung.

Wenn Sie an diese Personen zurückdenken und sich einige Situationen bildhaft in Erinnerung rufen, werden Sie in Ihrer Erinnerung sitzende, stehende, herumgehende Personen sehen. Viele Körperhaltungen und Bewegungen waren mit hoher Wahrscheinlichkeit in den Augen der Klasse/der Studierenden typisch und immer wieder vorhersehbar. Sie kannten Ihre LehrerInnen und stellten sich auch ein wenig darauf ein, ob sie vor allem sitzend unterrichteten, in bestimmten Situation immer stehend vor der Klasse sprachen und agierten oder zur Gruppe der nervösen Dauerläufer zählten.

Jetzt sind Sie selbst Zielperson für die Aufmerksamkeit aller Anwesenden, und auch Sie werden ein **persönliches Muster der Verteilung von Sitzen, Stehen und Gehen** entwickelt haben. Dieses Muster haben Sie wahrscheinlich unbewusst entwickelt, als unbeabsichtigte, aber durchaus sinnvolle Reaktion auf persönliche Befindlichkeit und Körperspannung, intuitiv oder auch bewusst erlernt und trainiert, um bestimmte Verhaltensweisen der Gruppenmitglieder zu fördern.

3. Spielen

4. Reden

5. Entdecken

6. Wollen

7. Genießen & Pflegen

So machen wir's

Aus diesen Gruppensituationen wissen Sie, wie Ihr Körper reagiert, wenn Sie ihm bestimmte Verhaltensweisen, hier also Bewegungsmöglichkeiten, erlauben oder nicht.

Sie haben wahrscheinlich auch ein recht deutliches Bewusstsein darüber, in welcher Stärke und in welche Richtungen die erlaubten oder nicht erlaubten Bewegungsmöglichkeiten Ihre Befindlichkeiten und Ihre intellektuellen wie mentalen Möglichkeiten beeinflussen. Auf direktem Weg über Ihr motorisches und sensorisches (Nerven-)System wie auch zusätzlich über die visuellen Wahrnehmungen und deren Interpretationen.

Überdeutlich ausgedrückt könnten wir sagen, Sie brauchen **in bestimmten Situationen bestimmte, passende Körperhaltungen und Bewegungsmöglichkeiten**. Ohne es zu bemerken, suchen Menschen die Haltung und den Bewegungsspielraum, den Sie als leicht, d. h. als effizienter als andere Bewegungen erlebt haben. Manche Vorhaben sind in bestimmten Körperhaltungen einfach nicht effektiv durchzuführen.

Von der anderen Seite her betrachtet ist es freilich auch so, dass bei Ihnen **bestimmte Körperhaltungen und Bewegungen spezielle Emotionen und Befindlichkeiten besonders leicht hervorrufen** oder verstärken.

Wenn Sie sich jetzt also in Ihrem augenblicklichen, eher ausgeglichenen Gefühlszustand absichtlich wie ein verzweifelter Mensch mit hängendem Kopf und hängenden Schultern und gekrümmtem Rücken hinstellen, werden Sie in den folgenden Minuten die dazu passenden Gedanken und Gefühle nachgeliefert bekommen. Und das, obwohl Sie doch gar keinen Anlass für kraftlose Gedanken haben und sich vor wenigen Sekunden noch in angenehmem Zustand fühlten und auch waren. Die **Beeinflussung** funktioniert **wechselseitig in beide Richtungen**.

Wenn diese Zusammenhänge bei Ihnen in ähnlicher Weise feststellbar sind, und davon gehen wir aus, können Sie daraus Impulse für Vorbereitungsphasen übernehmen:
Für die meisten ist in der Vorbereitungsphase Gehen eine Bereicherung der Bewegungsmöglichkeiten. Finden Sie heraus, wie weit Sie diese Dimension für Ihre professionelle Arbeit nützen können. Da Gehen so einfach, so unspektakulär ist, ist es notwendig, sehr kleine Details zu beachten und gegebenenfalls zu ändern, um für sich selbst den besten Nutzen ziehen zu können, um Gehen in die Gruppe der für Sie grundlegenden, hilfreichen Methoden einzureihen. Wenn **bewusstes Gehen** bisher fremdartig für Sie war, können Sie sich jetzt im Rahmen unserer „Sieben Schritte zur persönlichen Vorbereitung" leichter daran erinnern und es dann absichtlich beginnen.

3. Spielen

4. Reden

5. Entdecken

6. Wollen

7. Genießen & Pflegen

So machen wir's

Weil es am einfachsten geht

Gehen im Freien, im
Park, im Grünen. Und Gehen im Raum.
Und dafür stelle ich Ihnen das Gehen in einer besonderen Form vor: Das Gehen in einer Großen Acht.
Sie schieben in Ihrem Arbeitsraum alle Stühle unter die Schreib-
flächen und Schreibtische, um sich ein wenig mehr Platz zu verschaffen. Nach Möglichkeit sollten das aber wirklich nur ganz wenige Hand-
griffe sein (damit in Ihnen das Gefühl bestehen bleibt: „Dazu brauche ich
keine großen Vorbereitungen!" Bereits eine Fläche von 1,5 x 2,5 m genügt.
3 x 6 m sind sehr gut.). Diese Fläche ist Ihr Bewegungsspielraum.
Stellen Sie sich nun die Form der Zahl 8 vor, so groß, dass sie den gesamten freien Raum füllt. Auf dieser unsichtbaren Spur der großen 8
gehen Sie los. Sie gehen einfach los in dem Tempo und *genau* in
dem Tempo, das Ihnen leicht und angenehm ist. Der Weg entlang der großen 8 führt Sie in einer Hälfte, einem
Bogen, links herum und in der folgenden
rechts herum. Linker Bogen
und rechter Bogen
wechseln ständig ab. Sie gehen die
große 8 so wie eine Modelleisenbahn diese Spur
auf ihren Schienen durch den Raum fahren würde. Die
Schienen der Modelleisenbahn kreuzen einander im Mittelpunkt der großen 8. Je nach Größe des Bewegungsraumes, also
Größe der 8, können Sie auch zügig gehen und mehr oder weniger die
Arme mitschwingen lassen. Notizblock und Stift legen Sie auf dem
Tisch bereit, damit Sie auftauchende Ideen und Stichworte sofort notieren können. Sie können jederzeit stehen bleiben und Notizen machen.
Und anschließend wieder weitergehen, wenn Sie noch nicht ganz sicher
sind, dass es sich lohnt, sich hinzusetzen und auf dem Papier weiterzuar-
beiten. Manchmal kann es auch hilfreich sein, mehrere Minuten lang
ununterbrochen die große 8 zu gehen. Probieren Sie beides einmal
aus – zwischendurch Notizen machen und ununterbrochenes
Gehen –, um die Wirkungen für sich festzustellen. Dazu
passt keine externe Regel, sondern ausschließlich
Ihre Reaktion auf die momentanen Wahrnehmungen.

3. Spielen

4. Reden

5. Entdecken

6. Wollen

7. Genießen & Pflegen

So machen wir's

Sensibilität für die eigenen Systeme.
Gehen wir einmal von der Vorstellung aus, dass Ihr Körper Ihre Festplatte (Hardware) trägt und insofern die lebensnotwendige Umgebung für das Funktionieren und die Existenz aller Ihrer Systeme ist. Auch des im wahrsten Sinne lebensnotwendigen Betriebssystems, inklusive Bereitstellung aller biologisch-physiologisch notwendigen Ressourcen wie Sauerstoff, Energie, Transportkapazitäten, Versorgung mit Ersatz- und Reparaturteilen, Beseitigung der Abfallstoffe, Bereitstellung hormoneller Botenstoffe, (Krankheits-)Gefahrenabwehr, Erzeugen von Glücksgefühlen etc.

Um alle diese Möglichkeiten zu nutzen und darüber hinaus auch noch die eigene Kreativität in Gang zu setzen, muss gelegentlich das Gehen noch durch andere Arbeitsformen angereichert werden. Das kann dann so aussehen: Drei Achten im Raum gehen, die ersten zwei Notizen im Stehen festhalten und aufschreiben, um sich für die folgende Ausarbeitung zwei Stunden vor den Bildschirm zu setzen. Und danach einen Spaziergang machen. Dreimal ums Haus gehen ist schon fein. Nicht nur Ihr Intellekt hat gearbeitet. Auch Ihr Körper braucht Erholung.
Durch Bewegung werden Muskel besser durchblutet und erwärmt, unbrauchbare Stoffwechselprodukte rascher abtransportiert. Der Kreislauf kommt mehr in Schwung, die Atemtiefe kann sich bereits durch das Gehen der großen 8 leicht verbessern.
Nach einer aufregenden (Stau! Verspätung!), einschläfernden oder jedenfalls längeren Fahrt mit dem Auto kommt der Körper durch die einfachen, rhythmischen Schrittbewegungen und das entspre-

chende Mitschwingen von Rücken und Armen wieder intensiver in Bewegung und dann auch in Balance.

Im Seminar sind Sie selbst möglicherweise ein „Läufer", „ein Geher", „ein Steher", während die TeilnehmerInnen die „SitzerInnen" sind.

Wie halten Sie es jedoch mit der Bewegung in den beiden anspruchsvollen und bisweilen schwierigen Arbeitsphasen „Seminar vorbereiten" und „Methoden erfinden"? Vielleicht gönnen Sie sich dabei auch einmal mehr Spielraum, um ganz in Schwung zu kommen?
Es wäre schade um Ihre **innere Bewegtheit**. Je mehr davon schon in der Vorbereitung steckt, umso leichter holen Sie sie dann im Seminar wieder an die Oberfläche: Ein bisschen schütteln nur, und schon ist sie wieder da. Bestimmt!

Jonglieren

Mit dem Handwerk des Jonglierens vervollständigen wir dieses Kapitel über die Zusammenhänge und das Zusammenwirken von körperlichen und mentalen Befindlichkeiten, Kräften und Aktivitäten. Die Form der 8, die in den vorangegangenen Überlegungen und Übungen in den Vordergrund gekommen ist, wird wieder eine besondere Rolle spielen: Bälle, Tücher, Gegenstände, mit denen Menschen jonglieren, folgen meist dem Grundmuster der 8.

War es beim Gehen die Form der großen 8, so wird es jetzt die Form der **liegenden 8** sein. Die Bewegungen der Augen, wenn

3. Spielen

4. Reden

5. Entdecken

6. Wollen

7. Genießen & Pflegen

So machen wir's

sie der liegenden 8 folgen, sind für die **Aktivierung der rechten und der linken Gehirnhälfte** mit ihren unterschiedlichen Wahrnehmungs- und Denkmöglichkeiten sehr wirksam. Jede der beiden Hirnhälften nimmt eigenständig wahr und möchte Aktivitäten anordnen bzw. kontrollieren.

Vor allem die geschmeidige **Übergabe der Dominanz von einer Hirnhälfte auf die andere**, die ständig gewährleistet sein sollte (was aber durchaus oft nicht der Fall ist), wird durch alle Aktivitäten, in denen das Auge eine liegende 8 wahrnehmen und entsprechende Informationen an das Gehirn weiterleiten muss, aktiviert und verbessert. Die Flugbahn der drei Jongliertücher oder Jonglierbälle ist eine sehr leicht und deutlich wahrnehmbare liegende 8. Beim Jonglieren schauen Sie sehr intensiv dem Flug der farbigen Gegenstände auf der Bahn einer liegenden 8 zu.

Jonglieren ist deshalb nicht nur eine faszinierende Zirkuskunst, sondern im Jonglieren versteckt sich ein einfacher, abwechslungsreicher und überaus wirksamer Zugang zur aktuellen eigenen körperlichen und mentalen Aktivität. Wir nutzen die Grundformen dieser Kunst und nutzen auch die spielerische Leichtigkeit, die anderen Übungen mit durchaus vergleichbaren Wirkungen abgeht.

So gesehen ist Jonglieren **Gehirnturnen**. Damit betonen wir die beiden zusammenwirkenden Bereiche körperlicher Bewegung und Bewegung der Gedanken und Gefühle. Wir verlassen auch die Suggestionen der Kulisse eines artistischen Zirkus' mit seinen begeisterten ZuschauerInnen und tauschen sie gegen die neutrale und individuelle, vielleicht intime Szenerie eines Raumes, in dem eine einzelne Person

Übungen macht, die sie als für sich selbst gut, wirksam und notwendig erkannt hat.

Mit Jongliertüchern arbeiten Sie, wenn Sie noch keine Routine im Jonglieren oder wenn Sie aus Ihrer Kindheit eine Aversion gegen Bälle mitgebracht haben. Jongliertücher erleichtern und ermöglichen Bewegungen und Bewegungsabläufe, die mit Bällen wesentlich schwieriger wären. Jongliertücher sind im Vergleich zu Bällen sehr viel größer, in ihrem Flug in der Luft sehr viel langsamer. Sie werden eher gezogen und gehoben als geworfen oder geschossen. Und – vor allem – werden Jongliertücher aus der Luft gegriffen, genommen, statt gefangen. Auch rollen oder springen sie nicht davon und können nichts beschädigen.

In ihrer Wirkung auf Körper und Gehirn allerdings sind sie im Wesentlichen den Bällen gleich. Sie können also auch Übungen mit Tüchern durch Ballübungen ersetzen oder untereinander abwechseln. Für manche Menschen ist Musik dazu angenehm.

**... mit Jongliertüchern:
Gehirnturnen in Farbe**

◆ **1 Jongliertuch** wie einen Satelliten um den Körper kreisen lassen. Dazu wird es von einer Hand in die andere weitergegeben. Die Satellitenbahn des Jongliertuches ist aber keine fixe, sondern verändert sich ständig.
Danach das Tuch in großem Bogen von links nach rechts werfen. Eigentlich wird es mehr gezogen oder geschleudert als geworfen, weil sich das Tuch in der Luft nur sehr langsam bewegt.

3. Spielen
4. Reden
5. Entdecken
6. Wollen
7. Genießen & Pflegen
So machen wir's

Besonders wirkungsvoll ist die Übung, wenn die Bahn des Jongliertuchs sowohl breit als auch hoch ist: Das Tuch fliegt über die Höhe des Kopfes und Sie machen mit den Armen große, ausladende Bewegungen, damit das Tuch weit nach links bzw. weit nach rechts fliegt.

Das ist die **Grundbewegung**, aus der auch die Bewegungen mit mehreren Tüchern zusammengesetzt sind: Eine Hand wirft ein Tuch, das später die andere, leere Hand fängt, und beide Hände machen nie etwas Gleiches genau gleichzeitig. Jetzt wird nur noch das Tempo erhöht und mehrere Tücher sind gleichzeitig in Bewegung.

◆ **2 Tücher:**
„Werf – werf!" „Greif – greif!"

In derselben Bewegung wie bisher wirft die linke Hand ihr Jongliertuch auf die rechte Seite und noch während dieses Tuch in der Luft fliegt, wirft die rechte Hand ihr Tuch auf die linke Seite. Für einige Sekunden sind also beide Tücher in der Luft. „Werf – werf!" ist der entsprechende, Impuls gebende bzw. begleitende Imperativ, den Sie sich dabei auch laut vorsagen können. Die beiden Jongliertücher werden nacheinander geworfen, nicht gleichzeitig. Auch aus der Luft gegriffen werden sie ebenso nacheinander: „Greif – greif!"

◆ **3 Tücher:**
Die Hand frei machen, bevor sie etwas Neues greift!

Wieder kommt es genau zu denselben Bewegungen wie vorher beim Werfen eines einzigen Tuches. Die Komplexität des Vorgangs wird einzig dadurch erhöht, dass mehrere Tücher gleichzeitig im Spiel sind:

In einer Hand halten Sie ein Tuch und in der anderen – nur für die Startphase! – zwei Tücher. Das überschüssige Tuch wird als erstes auf seine Flugbahn zur anderen Seite geworfen. Dort sinkt es langsam von oben herunter und will von der Hand aufgenommen werden.

In dieser Hand befindet sich allerdings noch ein Tuch und deshalb tritt jetzt ganz rasch die Regel in Kraft: Hand frei machen, bevor sie etwas Neues greift! Das Tuch wird also (auf die andere Seite) geworfen, damit die Hand frei wird und das neue Tuch aus der Luft nehmen kann.

Inzwischen ist natürlich auf der anderen Seite wieder ein Tuch im Landeanflug, das ebenfalls von einer freien Hand genommen werden möchte. Deshalb muss auch dort das alte Tuch weggeworfen werden, damit Platz ist für das neue.

... mit Jonglierbällen

◆ Ein Jonglierball wird mit der rechten Hand unter dem hochgehobenen Knie in die linke Hand geworfen. Mit der linken Hand wird er unter dem linken Knie hoch und in die rechte Hand geworfen.

◆ Ein Jonglierball wird von hinten über die Schulter nach vorne geworfen und von der anderen Hand gefangen. Die neue Hand wirft den Ball ebenfalls von hinten über die Schulter nach vorne.

◆ Drei Bälle fliegen: Die Kaskade mit drei Bällen entspricht der letzten Übung mit den drei Jongliertüchern (s. o.).

◆ Variation der Flughöhe aller drei Bälle gleichzeitig.

◆ Immer mal wieder steigt ein Ball bis zur Zimmerdecke hoch, die anderen fliegen ihre gewohnte niedrige Bahn.

3. Spielen

4. Reden

5. Entdecken

6. Wollen

7. Genießen & Pflegen

So machen wir's

3. Spielen

4. Reden

5. Entdecken

6. Wollen

7. Genießen & Pflegen

So machen wir's

- Während des Jonglierens beginnen Sie mit dem Körper leicht nach links und rechts zu schwanken, zu pendeln.
- Gehen Sie während des Jonglierens in die Hocke.
- Auf dem Boden knien – das ist eine Übung ohne Würfe: Sie rollen die drei Kugeln im Muster der Kaskade am Boden. Die Bewegung erinnert an das Flechten von Zöpfen.
- Wieder beim Werfen: Wechseln der Bälle, unterschiedliche Größen, Gewichte und Farben verwenden.
- Während des Jonglierens balancieren Sie auf einem Bein und heben das Knie des anderen Beins etwas in die Höhe. Bei größerer mentaler Sicherheit verschieben Sie Ihre Aufmerksamkeit von den Bällen weg auf einen neuen Fokus und lassen den Unterschenkel vor und zurück pendeln.
- Sie stellen sich in die Nähe eines Wandbildes oder einer großen Lampe. Sie jonglieren mit den drei Bällen und wechseln dabei Ihren Blick zwischen den fliegenden Bällen und dem ruhigen Gegenstand dahinter.
- Sie drehen während des Jonglierens die Hauptachse Ihres Körpers zu einem Fenster. Sie jonglieren ruhig und ohne besondere Abwechslungen weiter. Während die Bälle ihre Bahnen ziehen, wechseln Sie den Fokus Ihrer Augen zwischen drei Entfernungen:
  1. die fliegenden Bälle
  2. Scheibe und Rahmen des Fensters
  3. Haus bzw. Aussicht auf der gegenüberliegenden Straßenseite/vor dem Fenster.

Gedanken, die Ihnen beim Jonglieren durch den Kopf gehen könnten:

- Ich lockere meine Schultern.
- Mit ein wenig Bewegung in Schultern und Rücken und den fliegenden Bällen kann ich Kopfschmerzen vorbeugen, die ich bekomme, wenn ich zu verspannt bin.
- Ich werde beweglicher.
- Jonglieren kann wie eine Art Spiegel sein, in dem ich etwas von mir sehe.
- Ich sehe meine momentane, anfängliche Ungenauigkeit.
- Ich sehe, wie groß der Abstand zum Mindestniveau meiner Ansprüche ist.
- Ich sehe genau, wo meine heutigen Stärken sind. Was gelingt mir heute besser als sonst?
- Ich mobilisiere die Aufmerksamkeitsdominanzen in beiden Hirnhälften und die Übergabe an die jeweils andere Seite.
- Da kommt etwas Überraschendes und wird sichtbar und zur Aufgabe. Neues wird aufgefangen.
- Wie beim Lernen einer neuen Jonglierbewegung geht es mir auch beim Weiterarbeiten in der neuen Aufgabe.
- Ich lenke meine Aufmerksamkeit auf mehrere Prozesse gleichzeitig, weil ich weiß, wie der große, übergeordnete Zusammenhang ist.
- Ich kann meinen Fokus (nah – mittel – fern) so verändern, wie ich es entscheide.

Wenn ich vor einer Arbeitsphase oder in einer Pause kurz jongliere, ist das etwas, das ich nur für mich tue, ohne Außenperspektive. Niemand außerhalb von mir selbst kommentiert, wenn ich den Ball fallen lasse, wie mir bestimmte Vorhaben gelingen, wie lange ich einzelne Übungen mache.

Manchmal lege ich Notizpapier und Stift bereit, um aufblitzende Ideen sofort mit einer Skizze oder ein paar Worten festzuhalten. Damit eröffne ich mir eine rasche Möglichkeit, zwischen spielerischer Aktivität und produktorientierter Arbeit. Dieses Setting bevorzuge ich vor allem dann, wenn ich auf der absichtlichen Suche nach Neuem bin oder wenn Motivation und Energiereserven nachlassen. Jonglieren wird dann zur Bewegungspause, in der ich das Fenster zur produktorientierten Arbeit offen lasse – so wie das beim Arbeiten in mehreren unterschiedlichen Anwendungen am Computer möglich ist.

KARIN EICHHORN-THANHOFFER

Was bedeutet also Jonglieren?
Verschiedene Dinge durch werfen und fangen in Bewegung halten, sodass sie alle eine bestimmte Flugbahn nehmen, einander nicht treffen und keines von ihnen zu Boden fällt.
Sie haben Ideen bekommen, wie Sie das mit Tüchern und Bällen üben und variieren können. Aus dem Zirkus kennen Sie Jongleure, die mit Keulen, Fackeln, Messern und anderen beeindruckenden Dingen jonglieren, und nicht nur mit drei, sondern mit fünf, sieben und mehr Gegenständen. Manche gehen dabei noch übers Seil oder radeln auf einem Einrad. Und ganz Gewagte radeln Fackeln jonglierend übers Seil.

Beeindruckend? Ich finde schon, sehr sogar. Die Jongleure gehören zu meinen LieblingsartistInnen, weil sie eine so atemberaubende Kunst mit einer so großen Leichtigkeit und Beweglichkeit kombinieren und die unwahrscheinlichsten Dinge durch die Luft wirbeln, als wären die dafür gemacht.
Ich mag das Jonglieren auch deshalb so, weil es eine **treffende Metapher** dafür ist, was viele von uns TrainerInnen über weite Strecken unseres Lebens und Arbeitens auch tun: **Dinge in Bewegung halten, in einen Kreislauf bringen und mit ständig neuen Impulsen in Bewegung halten, sodass keines von ihnen aus dem Kreislauf fällt.**

3. Spielen

4. Reden

5. Entdecken

6. Wollen

7. Genießen & Pflegen

So machen wir's

Was TrainerInnen alles jonglieren? Hier kommt meine – bestimmt unvollständige – Liste:

Termine (oft weit in die kommenden Jahre hinein)

Rollen (Trainerin, Expertin, Kollegin, Vorgesetzte, Geliebte, Lehrerin...)

Organisa-tionsaufgaben aller Art

Beruf und Familie

Führung und Gruppen-leitung

Erwartungen (eigene, fremde, fantasierte, ent-täuschte)

Aufträge

Fachliches und Pädago-gisches

Profit und Non-Profit

Unter-schiedliche Branchen

Lust und Unlust (die eigene und die der Teil-nehmerInnen)

Ambition und Realität

Wünsche und Wirklichkeit

Zuneigung und Ablehnung (aktiv und passiv)

Alt und Neu

Gesichertes und Experiment

Und was steht noch alles auf *Ihrer* Liste?

3. Spielen

4. Reden

5. Entdecken

6. Wollen

7. Genießen & Pflegen

So machen wir's

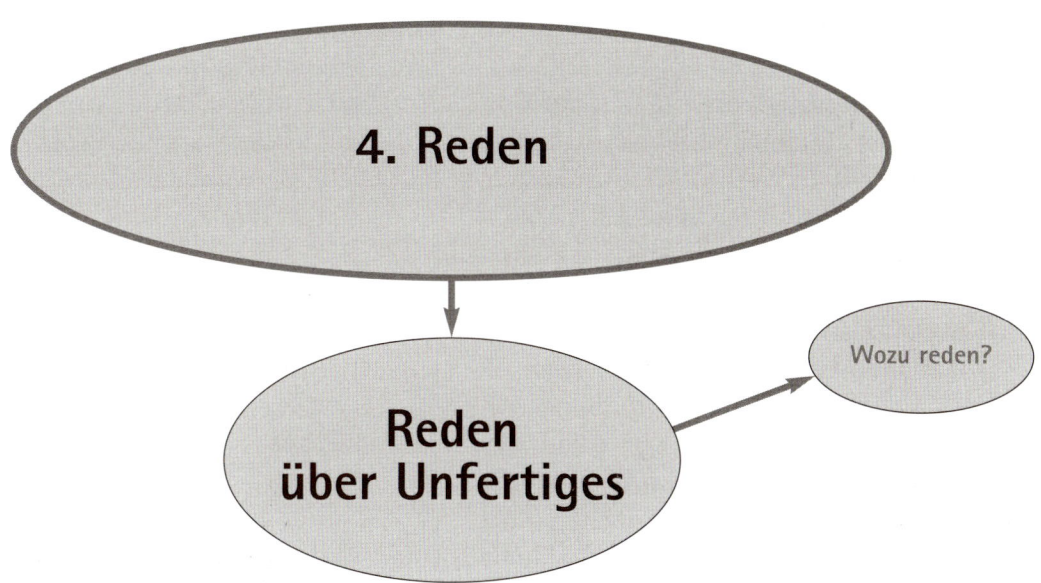

4. Reden

Reden über Unfertiges

Wozu reden?

KARIN EICHHORN-THANHOFFER & MICHAEL THANHOFFER

KET: Ich rede mit dir ja oft über meine Arbeit, aber meistens zögere ich einige Zeit, bis ich wirklich anfangen mag. Ich rechne nämlich meistens damit, dass du etwas dazu sagen wirst, was mich ärgert. Und das ist am schlimmsten, wenn es um die Vorbereitung von einer Sache geht, bei der ich ohnehin noch nicht sicher bin, ob meine Ideen gut sind.
Wenn ich dir von einer Arbeit erzähle, die ich schon hinter mir habe, dann stört es mich nicht so, aber wenn ich etwas vorbereite und dir das erzähle und ...

MT: ... und ich rede dir drein?

KET: Ja, du redest mir drein, mit einem Hinweis oder einer Frage oder einer Bemerkung, von der ich sofort, wenn ich sie höre, weiß, dass das wichtig ist und wahrscheinlich eine Verbesserung bringt, aber auch eine Menge

Arbeit, die ich mir schon gemacht habe, zerstört und neue nach sich zieht. Da werde ich unheimlich sauer!

MT: Passiert dir das nur mit mir, dass dich das so ärgert?

KET: Nein, nein, das hat nichts mit dir exklusiv zu tun, das passiert schon auch mit anderen, mit Kolleginnen z. B. oder auch im Coaching, aber da ist es nicht ganz so schlimm. Es ist schlimmer, je näher mir jemand ist. Und es ist auch schlimmer, je mehr ich jemandem zutraue, von meiner Arbeit etwas zu verstehen. Obwohl – immer stimmt das auch nicht, weil mich schon Bemerkungen von ganz Unbedarften dazu gebracht haben, ganze Passagen von Seminarvorbereitungen wegzuwerfen und neu anzufangen.

MT: Und war die neue Version besser?

KET: Ja, so gut wie immer hat sich das Um-arbeiten gelohnt, aber es ist so ein mühsamer Prozess und so ärgerlich, vor allem wenn ich die Sache davor schon für ziemlich fertig gehalten habe und eigentlich schon einen Strich drunter machen wollte.
Auffallend ist natürlich schon, dass ich es meistens ja weiß, wenn meine Vor-bereitung noch nicht gut genug ist und dass ich selbst weiß, dass ich noch etwas daran verändern sollte, aber da ist dann auch diese kleine Hoffnung, dass jemand anderer sagt, es wäre ohnehin schon gut und könne so bleiben. Leider kommt das selten vor – ich scheine es also doch häufig mit kompetenten Leuten zu tun zu haben, die die Schwächen in meiner Arbeit erkennen.

MT: Was ärgert dich denn nun am meis-ten? Dass du dann noch einmal neu anfangen musst – also Ärger über mehr Arbeit? Oder ist es eher, weil je-mand eine bessere Idee hat als du – also Neid? Oder ärgerst du dich, weil du nicht von Anfang an mit der bes-ten Idee auftrumpfen kannst und nur Bewunderung erntest – also ge-kränkte Eitelkeit?

KET: Stopp! Das hört sich ja alles schreck-lich an! Aber du hast natürlich Recht: Natürlich ist es mir am liebsten, wenn ich von einer Arbeit erzähle, dass mein Zuhörer sagt: „Großartige Idee! Was dir nur immer einfällt! Das wird si-cher gut funktionieren! Toll, das wäre mir nie eingefallen!"

Natürlich will ich Zustimmung und Anerkennung und Applaus hören und nicht Kritik, Bedenken und Hinweise auf Lücken und Schwächen. Da wäre ich ja wahrlich eine Ausnahmeer-scheinung.

MT: Aber irgendeinen Sinn muss es ja schon haben, dass du trotzdem immer wieder an solche Menschen gerätst, die deine Erwartungen mit schöner Regelmäßigkeit nicht er-füllen.

KET: Natürlich. Ein Teil von mir schätzt das ja auch – hinterher. Ich weiß ja, dass meine Arbeit immer besser geworden ist, wenn ich sie mit anderen be-sprochen habe und mich durch ihre Hinweise auf Nicht-Bedachtes und Missverständliches und dergleichen durchgekämpft und zähneknirschend weitergearbeitet habe. Ich weiß auch, dass es um die Sachen, die ich letzten Endes verworfen habe, nicht wirklich schade war, weil sie entweder tat-sächlich nicht gut waren oder für den vorliegenden Zweck nicht gut. Man-che habe ich später anderswo ver-wenden können und dann war es gut. Aber das ändert nichts daran, dass diese Gespräche immer unangenehm sind, wenigstens unangenehme Pha-sen haben.

MT: Wann sind sie besonders schlimm? Am Anfang oder mittendrin?

KET: Also, anfangen ist schon nicht ganz leicht. Wirklich ungut ist es aber dann, wenn ich eine Idee erzähle, meinen Plan ausbreite, wie ich die Sache anpacken will, und nach ein paar Sätzen ein Einwand kommt mit einem Hinweis auf eine Schwäche in meinem Plan oder mit einer Frage, die ich mir nicht oder nicht so gestellt habe, und von der ich weiß, dass ihre Beantwortung mich in eine ganz andere Arbeitsrichtung bringen würde.

Dann möchte ich am liebsten meine Papiere wieder einpacken und gehen.

MT: Beleidigt?

KET: Das höre ich nicht so gern, aber es hat schon etwas davon. Ich fühle mich dann wirklich gekränkt und persönlich getroffen, weil mein Ding, das ich mit dem Wunsch nach Anerkennung ausgebreitet habe, nicht als perfekt durchgegangen ist. Mir fällt übrigens gerade ein, dass ich mich auch dann kränke, wenn ich ausdrücklich um Kritik und Hinweise auf Verbesserungsmöglichkeiten bitte. Selbst wenn ich sage: „Bitte sag mir doch, ob das funktionieren kann und wo ich noch was tun muss", will ich doch in erster Linie Zustimmung und „Bravo!" hören.

MT: Das klingt nach zwei Wünschen in einem: „Sag mir, dass ich bereits gut gearbeitet habe und hilf mir, es noch besser zu machen". Aber in dieser Reihenfolge. Und ich denke, wenn du mir deine Arbeit zeigst, dann sehe ich oft den ersten Teil des Wunsches nicht so genau oder denke mir, das ist ohnehin klar, dass du gut arbeitest. Und ich stürze mich voll Ehrgeiz auf die zweite Aufforderung, weil ich ja auch etwas unter Beweis stellen will:

Dass du dir in mir nämlich einen guten und genauen Kritiker ausgesucht hast, dem nichts entgeht und der dir wirklich etwas zu sagen hat.

Es ist ja offenbar nicht so, dass nur du, die du etwas herzeigst, dich auf die Probe stellst, sondern dass auch ich, der zum Begutachten aufgefordert ist, beweisen will, dass ich gut bin.

KET: Sehr fein, da liefern wir einander dann also ein kleines Selbstbestätigungsmatch auf dem Rücken meiner unfertigen Arbeit und tun so, als ginge es um meine Seminarvorbereitung, dabei geht es in Wirklichkeit darum, wer von uns beiden der oder die Gescheitere ist. Kein Wunder, dass das schwierige Gespräche sind!

MT: Ja, es spielen offenbar eine Menge anderer Dinge eine Rolle, die nur sehr wenig mit deiner Arbeit zu tun haben und eine Menge mit uns beiden.

KET: Darum gehe ich ja mit wirklich schwierigen Dingen in erster Linie nicht zu dir, weil ich mir nämlich diesen Wettbewerb ersparen will. Wenn ich in einer wirklich bedeutenden Sache eine Unterstützung brauche, jemanden, der mir beim Nachdenken hilft, dann suche ich professionelle Hilfe. Und das heißt: professionell beim Unterstützen, das muss nicht heißen professionell in Training und Beratung.

MT: Das höre jetzt ich nicht so gern, weil ich selbstverständlich auch ein guter Berater sein will, aber in der eigenen Familie ist das doch schwer.

91

KET: Eben, und darum suche ich mir lieber Unterstützung im Coaching. Dort habe ich mit jemandem zu tun, der oder die sich als Person raushält. Das hilft mir beim Entwickeln meiner Vorbereitung viel mehr. Dir will ich ja doch eher imponieren.

MT: Und ich kann mich zu wenig zurückhalten, der bessere Trainer sein zu wollen, und schon ist es passiert, dass ich dir meine Methoden und Ideen verkaufe.

KET: Ich glaube, dass Trainer und Trainerinnen leicht dazu neigen, immer gleich eine Lösung anzubieten. Aber jetzt, wo ich weiß, dass du, wenn du mich beraten sollst, auch immer unter Leistungsdruck kommst, wenn ich dir etwas von mir zeige, halte ich deine Lösungsangebote vielleicht leichter aus.

MICHAEL THANHOFFER

Im vorangehenden Abschnitt haben Sie einen Dialog zwischen zwei PartnerInnen gelesen. Neben solchen Dialogen gibt es auch in unserer Arbeit immer wieder Zeiten des inneren Gedankenwälzens. Dialoge, die im Kopf entstehen und dort auch bleiben. Dass dieser Gedankenaustausch in uns selbst den Weg zum direkten, hörbaren Gespräch mit einem realen Menschen findet, ist in diesen Fällen weder Absicht noch Notwendigkeit.

Die folgenden Darstellungen, Anregungen und Reflexionen beziehen jedoch andere Menschen ausdrücklich mit ein. Es geht jetzt um reale Dialoge mit anderen Menschen, die schwierige Stellen in Vorberei-

tungsphasen leichter überwinden helfen. Zur Vermeidung von „unerwünschten Wirkungen" oder „Nebenwirkungen" dieser ansonsten hilfreichen Unterstützung von außen dienen die folgenden Gedanken, Tipps und Erfahrungsberichte.

Wenn das Denken innen wehtut ...

Wenn es zwickt und zieht und spannt oder rumort wie Bauchweh. Wenn es drückt wie ein Zahn, der sich aus dem harten Kieferknochen zu seinem vorgesehenen Bestimmungsort herausschieben muss: Das schmerzt. Das hört tagelang nicht auf. Sehen kann ich dabei praktisch nichts. Es gibt auch keine außen sichtbare Veränderung der Situation. Aus diesem unseligen Zustand soll einmal etwas werden, soll etwas Ordentliches herauskommen? Etwas, das Nutzen, ja sogar Anerkennung und Freude bringen wird?

> Ich erinnere mich daran, als mein Sohn seinen ersten Backenzahn bekam. Er war fast krank, er hatte Schmerzen im Mund und machte einen erkälteten Eindruck. Jedenfalls war er unausstehlich, maunzte, weinte, schlief nur kurz. Kaum etwas konnte ihn zufrieden stellen. Wir, die Eltern – Erwachsene mit Lebenserfahrung (?) – waren ungeduldig, allmählich schlecht gelaunt, unsicher. Obwohl uns rational völlig klar war, was da vor sich ging und wie lange das dauern würde. Am zweiten Tag suchten wir den Kinderarzt auf, der nichts anderes tat, als dem Kind in den Mund zu schauen und mit den Erwachsenen zu sprechen. Wir besprachen wenig Neues über das hinaus, was wir schon wussten. Und fuhren entspannt nach Hause.

Die Elemente dieser für Eltern alltäglichen Geschichte lassen sich mit manchen Vorbereitungssituationen der Marke „Schrecklich. Es geht einfach nichts weiter!" vergleichen:

◆ Unsicherheit
◆ kein sichtbares Vorankommen
◆ noch nicht sichtbares Ergebnis
◆ Unklarheit, wie das aussehen wird, was dabei herauskommt
◆ mentale Verkrampfung
◆ Verhaltensdetails (Symptome), die mit dem Kern der Situation wenig zu tun haben

◆ große Diskrepanz zwischen Emotionen und Sachwissen
◆ Unbehagen, Unleidlichkeit, verschnupft sein
◆ körperliche Unruhe
◆ Schlafdefizit
◆ nervöses Umfeld (Mitmenschen)
◆ Entspannung der Situation durch ein Gespräch mit einem fachlich (Medizin) und kommunikativ (mit nervösen Eltern reden) kompetenten Fachmann

Den bisherigen Kapiteln, wie auch in den folgenden, liegen **Dialoge des unsichtbaren „Inneren Teams"** zu Grunde. Da sprechen Stimmen dafür und andere dagegen. Da sind jede Menge Emotionen zu hören oder auch ganz im Gegenteil nur fachliche Argumente zu dem vorgenommenen Thema.

Die inneren kommen aber eben immer aus dem Inneren und können daher nur das vortragen, was dort auch vorhanden ist. Schließlich kann ich nur das denken, was mir überhaupt in den Sinn, in die Sinne kommt. Da gibt es eine biologische Grenze. Als autonome lebende Systeme sind unsere inneren Operationen und unsere Verhaltensweisen nur von zwei Faktoren bestimmt: von unseren eigenen psychischen, physischen und kognitiven Strukturen und von unserer Erfahrung, auf die sie sich beziehen. Das System ist operationell geschlossen. Das ist so und an sich weder gut noch schlecht.

Es stellt sich also die Frage, mit welchen Informationen von außen wir uns konfrontieren wollen/sollen? Wären Bestätigung und gedankliche Begleitung gefragt, Bestärkung und Betonung von eigener Kompetenz und

93

Selbstwert, oder bedarf es der Ermutigung oder gar eines Versuchs der Motivierung? Oder wäre ein deutlicher Kick notwendig, ein überraschend kräftiger, rüttelnder Anstoß, eine zum bisher vorhandenen eigenen Denken quere Position oder Argumentation? Oder gar eine Art Kontrolle, Korrektur, Überprüfung, Zwischenbilanz aus außenperspektivischer Sicht?

Wozu wollen wir also mit jemand anderem reden? Oder eben lieber doch nicht? Und dann ist da noch die Frage: „Mit wem?"

Eintauschen!

Wenn Sie in diesem Kontext an Gespräche denken, werden Ihnen möglicherweise solche in den Sinn kommen, die mit deutlich unangenehmen Gefühlen verbunden waren.

In manchen Gesprächen gibt es tatsächlich Phasen, in denen ein Redender den Eindruck hat, dass er dabei etwas verliert, vor der Entscheidung steht, etwas herzugeben von sich selbst, das ihm lieb und wert ist. Möglicherweise erscheint es auch so, als bestehe Gefahr, durch das Besprechen mit anderen einen vertrauten, in der sicheren Routine verankerten Gedanken, eine lieb gewonnene Emotion aufzugeben. Oder eine großartige Idee, einen Erfolg versprechenden Plan, ein gewagtes Vorhaben.

Wechseln Sie mit uns kurz in eine Szene, die Ihnen anschließend als Metapher dienen soll:

Ein Stück wilder Boden auf einer Bergkuppe einer Insel. Obwohl es auf der Insel genügend Niederschläge gibt, macht sie einen eher trockenen Eindruck. Viele Flächen sind durch starke Sonneneinstrahlung, Hitze und Wind sichtbar geprägt und sind nur da und dort bewachsen. Zwischen den Steinen und den niedrigen, bodenbedeckenden Gewächsen stehen vereinzelt dunkelgrüne, kniehohe Pflanzen. Für den vorübergehenden Wanderer schauen sie auf den ersten Blick saftig und gesund aus. Beim genaueren Hinschauen entdeckt er an vielen Pflanzen etliche kahle Blattstängel. Große grüne Raupen sitzen auf ihnen oder klettern gerade weiter zum nächsten frischen, nahrhaften Blatt.

Wollten Sie die Unversehrtheit der Pflanze sichern, sie vor der Raupe schützen? Wollten Sie die Entstehung des Schmetterlings sichern und der Raupe und ihrem Tun zustimmen: „Friss, damit etwas wird aus dir! Ich liebe Schmetterlinge!"

Würden Sie den nächsten vorbeiflatternden Schmetterling fangen, um ihn am Ablegen neuer Eier zu hindern, aus denen die nächsten gefräßigen Raupen schlüpfen werden?

Übernehmen wir diese Beobachtung als Metapher für Gespräche mit unangenehmen (Anfangs-)Phasen. Tatsächlich ist in Vorbereitungsarbeiten der Schritt in ein Gespräch mit einem anderen Menschen ein deutlicher Wechsel von einer Sichtweise in eine andere. Solange jemand allein und für sich ein Projekt vorbereitet, *sich* Gedanken *macht*, ist er mit der Pflanze in der beschriebenen Szene zu vergleichen. Beginnt er mit einem anderen Menschen ein Gespräch über sein Vorhaben, ist er Pflanze und Raupe in einem geworden.

War das offensichtliche Lebensziel der grünen, kräftigen Pflanze ihr eigenes gesundes Wachstum, so ist das System Pflanze-Raupe an einem Ziel auf einer anderen Ebene orientiert. Und in diesem System ergibt es durchaus einen Sinn, etwas (Blatt) dafür zu investieren, dass etwas anderes (Schmetterling) dabei herauskommt. Das bedeutet: Sobald ich über meine Pläne und Gedanken (Blätter) rede, setze ich auch etwas in Gang, das diese Gedanken (Blätter) in Gefahr bringt, weil sie sich nach dem Gespräch mit höchster Wahrscheinlichkeit zumindest in einem anderen Zustand befinden, als zu Beginn, weil ich durch das Gespräch an ihrer **Transformation** arbeite.

In den Begriffen des Trainers gedacht, der ein neues Design entwickelt, wird demnach die Unversehrtheit des eigenen Gedankens (Idee, Plan, Konzept) in die nahrhafte und konstruktive Auseinandersetzung mit einem anderen Menschen investiert. In diesem Sinne werden hier Kriterien deutlich, die Gespräche mit anderen Menschen und professionellen PartnerInnen erst positiv wirksam werden lassen. Und das Zögern vor diesem Schritt wird verständlich. Es kann Ausdruck eigener Sensibilität, Verletzlichkeit und Vorsicht sein.

Sprechen ist ein Heraustreten aus dem eigenen Gedankenkokon.

Auch SchriftstellerInnen und andere KünstlerInnen berichten immer wieder davon, dass das erste Zeigen eines Gedankenproduktes mit unangenehmen, fast schmerzhaften Gefühlen verbunden ist. Über ihre Ideen, Vorbereitungen und unfertigen Konzepte sprechen sie nur mit einem oder sehr wenigen, ausgewählten Menschen. Der Schritt an die kleine Öffentlichkeit des ersten Gesprächspartners ist nur manchmal ein lustvolles, stolzes, kräftiges Präsentieren, viel öfter freilich ein zaghaftes, unsicheres, verkrampft-verspanntes Wagen. (So wie Heinrich von Kleist einst Johann Wolfgang Goethe ein Manuskript überreichte: „Auf den Knien meines Herzens".)

An den folgenden Leitbegriffen können Sie Ihre Erwartungen an ein Gespräch als wichtige Einflussfaktoren auf seine Qualität erkennen und verschiedene Arten von Gesprächen leichter untereinander differenzieren. Das kann ganz besonders dann von Bedeutung sein, wenn Sie immer wieder mit den Gesprächen, die Sie in Vorbereitungsphasen führen, weniger zufrieden sind, als Sie es sich wünschen. Mit einer Veränderung dieser Faktoren können Sie die Qualität Ihrer Gespräche in Ihrem Sinn beeinflussen.

Worum geht es Ihnen in einem Gespräch und in welcher Ausprägung sind die einzelnen Wünsche vertreten? Eine kleine Auswahlliste als Reflexionshilfe über Gesprächsvarianten:

◆ Konstruktion einer spontanen Entscheidung
◆ Einlassen auf eine sich zufällig bietende Gesprächsmöglichkeit
◆ Durcharbeiten von schriftlich Vorbereitetem
◆ In einer Skizze Visualisiertes in Worte transferieren
◆ Das Solo unterbrechen, heraus aus dem einsamen Arbeiten am Tisch
◆ Kontrast und Abwechslung zur bisherigen Vorgangsweise
◆ „Das 1. Mal", Realitätstest
◆ Reflexion und Gewinn an Sicherheit
◆ Ambivalenzen balancieren

- Mir selbst (Selbst-)Verständliches als wertvoll erkennbar machen
- Gedanken beim Reden entstehen lassen
- Kick und Anstoß
- Ermutigung
- Feedback als Zwischenbilanz
- Eine angenehme Stimme hören, ihren Klang, die Suggestion, die diese Stimme auf Sie ausübt, vielleicht die Erinnerung an eine Bedeutung, die eine derartige Stimme früher für Sie hatte
- Die körpersprachlichen Signale, Gesten, Mimik der anderen Person sehen
- Die Wirkungen, die der Ort/Raum des Gesprächs ausübt, erfahren

Wählen Sie als GesprächspartnerInnen für Gespräche während ihrer Vorbereitungsarbeiten Menschen, von denen Sie aus eigener Erfahrung oder aus Erzählungen von KollegInnen wissen oder am ehesten vermuten können, dass sie für die besonderen Befindlichkeiten in Entwicklungen und Vorbereitungen aufgeschlossen sind, dass sie die speziellen Merkmale dieser unfertigen und vielleicht auch instabilen Situationen respektieren. Vermeiden Sie nach Möglichkeit Gespräche mit mehreren Menschen gleichzeitig.

Reden mit professionellen PartnerInnen
Coaching – warum?

KARIN EICHHORN-THANHOFFER

Wenn ich meine Gedanken ausspreche, entziehe ich sie dem Schutz meines Gehirns, der wie eine Eierschale wirkt. Es ist etwas sehr Angenehmes, ungestörte Gedanken und Fantasien zu haben, große Ideen, Ideen mit einer unverletzten Schönheit. Das passt zu der Redensart „mit einer Idee schwanger gehen". (Ideen-)Schwangerschaft heißt ja auch, das Baby ist **geschützt und gut gebettet** in Bauch und Fruchtwasser.

Und es ist auch der Schutzgedanke bei der Mutter da, dass dem Baby nichts passiert. Das darf erst in die Welt hinaus, wenn es reif und kräftig genug ist, um den Attacken und Infektionen der potenziell gefährlichen Umwelt etwas entgegenhalten zu können. Manche Gedanken sind kräftiger und halten die Umwelt eher aus, andere sind schwächer und brauchen länger für ihre Entwicklung, und es lohnt sich, darauf zu achten, dass sie nicht zu früh gestört werden und vor allem ganz besonders darauf, dass es der Gedankenmutter (kann natürlich auch ein Gedankenvater sein) gut gehen muss (!) beim Austragen und darauf, was die Menschen rundherum tun dürfen/sollen, damit sie dieser speziellen Gedankenmutter förderlich sind. (Unter denen gibt es ja auch raubeinige und zart besaitete und gut gepolsterte Abtropfprofis, mit denen jeweils ein anderer Umgang angezeigt ist.)

Denn die Mutter des Gedankens fragt sich natürlich, wie sie dasteht, mit ihrem dann zur Welt gebrachten Gedanken. Und wie stehe ich denn da, wenn die Menschen der Welt sagen, dass ein Gedankenbaby eher komisch aussieht und viel zu runzelig ist, und dass aus dem wohl nichts Gescheites werden wird, oder dass ich mir jedenfalls schon ausrechnen könne, dass aus dem nichts Rechtes werden kann bei diesen Eltern. VertreterInnen solcher trivialen Ideen gibt es ja immer wieder, die die Zukunft (eines Gedankens) für voraussagbar halten bis in die nächsten zwanzig Jahre.

Meistens geht es aber den Gedankenmüttern eher so: Die allermeisten „Um-Menschen" (als Parallelität zur „Um-Welt") stürzen sich auf das putzige Baby, sobald es nur sichtbar wird. Das bekommt alle Aufmerksamkeit der Welt und jede Menge an Einmischung dazu. Die Mutter (der Vater) bleibt ziemlich unbeachtet und soll auch noch gute Miene zum bösen Spiel machen, wenn da an dem kleinen Neuen herumpädagogisiert und geratschlagt wird. Es wird kaum berücksichtigt, so zu intervenieren, dass es die Gedankeneltern auch verstehen, annehmen und vielleicht sogar umsetzen können. Dabei wäre genau das lebensnotwendig für beide: Gedankeneltern und neu geborener Gedanke.

Wenn wir über Hilfe sprechen, die sich TrainerInnen, GruppenleiterInnen und ModeratorInnen in der Vorbereitungsphase anspruchsvoller Aufträge sichern, verwenden wir häufig den Begriff „Coaching". Obwohl wir **„Coaching"** und **„Beratung"** gelegentlich fast synonym verwenden, möchte ich doch auf einen Unterschied eingehen.

Wenn ich mich **beraten** lasse, geht es mir in der Regel darum, rasch zu einer Entscheidung zu kommen bzw. mir eine Information zu besorgen oder abzusichern, die mir **Entscheidungshilfe** wird:

◆ Welches Präsentationsmedium eignet sich am besten für mein Thema?
◆ An welche möglichen technischen Schwierigkeiten muss ich in diesem Konferenzsaal denken?
◆ Welche Erwartungen hat meine KlientInnengruppe an meine Arbeit und wie kann ich diese am besten bedienen?

Von meiner Beraterin wünsche ich mir eine Hilfe zur Entscheidung, praktisch, handfest, zielsicher. Ich möchte in erster Linie rasch Klarheit gewinnen und Antwort auf konkrete Fragen finden.

Im **Coaching** können durchaus auch solche beraterischen Elemente vorkommen, wenn es um die praktische Umsetzung eines Plans geht. Vor allem möchte ich aber mit meiner Coaching-Partnerin Wege finden, wie ich mich selbst in meinem Vorhaben (= Training, Moderation, Prozessbegleitung etc.) **positionieren**, finden, zum Klingen bringen, **wirksam machen** kann.

Und häufig helfen mir zu diesem Ziel nicht so sehr praktische Tipps – nach dem Muster der Erziehungsratschläge wohlmeinender Angehöriger –, sondern eher das Zutagefördern von eigenen Möglichkeiten, Zielen, Fragen, Wünschen, Unsicherheiten, Ängsten, Erfahrungen und Schlussfolgerungen und was es sonst noch bei günstigem Licht zu untersuchen gilt, wenn ich möglichst gut ausgestattet mit allem, was mir in mir zur Verfügung steht, in die neue Situation gehen möchte.

Coaching kann anstrengender und lästiger sein als Beratung, weil es mir mehr abverlangt und mir möglicherweise einfache Antworten sogar unmöglich macht. Coaching erhöht häufig die Komplexität, wegen deren Reduzierung ich es eigentlich ursprünglich in Anspruch nehme. Zum Glück wird ein guter Coach das andere aber auch tun – **Komplexität** wieder **reduzieren** und **mich handlungsfähiger machen**. Nur kann der Weg dorthin ungewöhnlich und weniger vorhersehbar sein als in der Beratung.

Es kann schließlich auch in der Kindererziehung so sein, dass die erprobten, einfachen Wahrheiten der Großeltern auf die eigenen Nachkommen nicht anwendbar sind, aber ungewöhnliche, komplizierte eigene Wege gerade dort zum Erfolg führen. Es kann überhaupt sein, dass die eigenen Produkte eher den eigenen inneren Gesetzen gehorchen wollen als denen anderer.

Diese inneren Regeln zu finden, nach denen ich meinen eigenen Blockierungen und Motoren auf die Schliche komme, ist der Hauptgewinn im Coaching.

Investition?

Manche TrainerInnen verzichten auf Coaching, weil sie vor den Kosten zurückschrecken. Eine doch nicht unbeträchtliche Summe (rechnen wir einmal mit ca. 120 bis 150 Euro) in eine Coachingstunde zu investieren, deren Nutzen möglicherweise gar nicht einmal direkt sichtbar sein wird (keine Ratschläge, nur neue Fragen!) erscheint ihnen nicht vernünftig. Wenn es Geld kos-

tet, muss es sich auch auszahlen, direkt, sofort.

Ich glaube, dass es klug ist, eine Investition nicht zu machen, wenn ich mir nicht sicher bin, dass mir Coaching bei der Konstruktion meiner Lösungen von Nutzen sein kann. Solange ich das nicht glaube, sollte ich das Geld lieber behalten, mir ein Kleid kaufen oder schön Essen gehen, jedenfalls etwas damit machen, von dem ich mir sicherer bin, dass es mir gut tut.

Wenn ich allerdings glaube, dass das Reflektieren meiner Situation, das begleitete Suchen nach Fragen, die ich mir noch stellen muss, die angeleitete Überprüfung der Regeln, nach denen ich vorgehe oder Ähnliches mich bei meinem Vorhaben stärken, sollte ich das neue Kleid aufschieben, zum Abendessen Kartoffeln mit Butter essen und das Ersparte in eine Coachingstunde bei einem lösungsorientiert arbeitenden Coach investieren.

Das **lösungsorientierte Vorgehen** ist deshalb so wichtig, weil es tatsächlich nicht erforderlich sein muss, in langen und zahlreichen Sitzungen die Herkunft der aktuellen Situation (= die Genese des Problems) zu erforschen, sondern weil mich einzig interessiert, was mich einer Lösung näher bringt. Um das herauszufinden, reicht in vielen Fällen schon eine Sitzung, sofern mein Coach das auch glaubt. Das muss ich rechtzeitig überprüfen, bevor ich investiere.

Woran ich Lösungsorientierung erkennen kann?

Coaching ist ein Lösungsversuch und sollte sich daher vor allem mit der Lösung beschäftigen. Lange Zeit haben Coaches (und TherapeutInnen, SupervisorInnen, LehrerInnen, BeraterInnen, ÄrztInnen) geglaubt, dass es wesentlich sei zu erforschen, woher ein Problem kommt, da es auf der Basis der Kenntnis der Ursachen einfacher zu beseitigen sei.

Mittlerweile ist man aber sicher, dass sich eine Lösung auch herstellen (konstruieren) lässt, ohne dass das Problem an seinen Wurzeln ausgerottet wird. Entziehen wir ihm die Aufmerksamkeit und stecken sie in unsere Lösung, wird es auf die eine oder andere Art nicht mehr da sein – wie genau das funktioniert, muss uns nicht interessieren, so lange es funktioniert. **Wesentlich ist die Wirkung**.

Wir erkennen lösungsorientiertes Coaching also daran, dass es sich weit überwiegend (manche radikaleren VertreterInnen der Richtung sagen: ausschließlich) mit der Lösung beschäftigt und das auf der Basis einer Serie von Fragen, die sich im Kern alle um eines drehen: **Wie wird es sein, wenn die Lösung da ist?**

Lösungsorientierte Fragen sind daher Fragen nach dem angestrebten Zustand, nach der Zukunft, nach Situationen, in denen das Problem nicht da ist, oder wenigstens weniger da ist als sonst, nach Ressourcen, die für das Herstellen der Lösung hilfreich sind und nach vorbeugenden Maßnahmen, um den Lösungszustand abzusichern.

Die wohl berühmteste lösungsorientierte Frage ist Steve de Shazers „Wunderfrage", die uns auf zauberhaftem Weg in eine Welt führt, in der das Problem wie weggeblasen ist:

Nehmen Sie an, eine gute Fee hätte, von Ihnen gänzlich unbemerkt, Ihr Problem weggezaubert. Sie wachen eines Morgens auf und das Problem ist weg. Weil das Wunder aber während Ihres Schlafes passiert ist, wissen Sie nichts davon. Sie werden nur bemerken, dass einiges anders ist, als bevor Sie zu Bett gegangen sind. Woran werden Sie bemerken, dass das Problem weg ist? Wer in Ihrer Umgebung wird was tun/sagen/zeigen? Was werden Sie selbst tun? Was werden Sie sagen? Wie werden Sie sich verhalten?

Wenn Sie im Coaching solche Dinge gefragt werden, sind sie sicher auf dem lösungsorientierten Weg und können sicher sein, dass Sie *Ihre* Lösung konstruieren, die Sie mit *Ihren* Mitteln werden erreichen können. Kein pädagogisches Modell, das sich an einem von wem auch immer abgesegneten Muster orientiert, sondern ein praktisch handlungsleitendes, das für Sie am besten wirken wird.

Coaching und ZahnärztIn – Im Wartezimmer ist der Schmerz weg

Das häufig berichtete und beobachtete Phänomen, dass Zahnschmerzen in Wartezimmern von ZahnärztInnen zum Verschwinden neigen und der gerade noch am Schmerz (Problem) leidenden (Nun-vielleicht-doch-nicht-)Patientin nahe legen, die Ordination unbehandelter Dinge wieder zu verlassen, kennen auch viele Coaching-KlientInnen.

Kaum ist der Termin für das Coaching vereinbart, wird das Problem immer kleiner, tun sich überraschende Wege zur Lösung auf, öffnen sich neue Möglichkeiten oder klären sich ungelöste Fragen wie von selbst.

Es ist so, als hätte allein die Entscheidung, zum Coaching zu gehen, schon etwas in Gang gebracht. Und sehr oft ist das auch so. Das Einschlagen eines Lösungsweges (und sehr oft ist Coaching eine Lösung zweiter Ordnung, also eine, die nicht mehr vom selben ist – noch mehr anstrengen, noch schärfer nachdenken, noch länger grübeln), mobilisiert schon Lösungsressourcen.

Steve de Shazer beginnt seine Erstgespräche mit KlientInnen daher mit der Frage: „Was ist anders, seit Sie mich angerufen haben?" Die meisten sind zwar ganz verblüfft und erklären: „Nichts! Was soll schon anders geworden sein?" Aber nach hartnäckigem Nachfragen (Merke: Lösungsorientiertes Coaching ist lästig und genau!) findet sich so gut wie immer etwas, das sich – zum Besseren – verändert hat. Und darin steckt mit Sicherheit schon das erste Potenzial, das zu den nächsten Schritten in Richtung Lösung führt.

Der Entschluss zum Coaching bringt also schon Lösungen in mir selbst zum Arbeiten. Das ist ein weiterer Hinweis dafür, dass ich im Coaching (nur) **etwas finde, was ohnehin in mir ist**. Der Coach ist daher eher eine – schließen wir wieder den Kreis zur eingangs verwendeten Metapher von der Gedankenschwangerschaft – zu Tage fördernde Hebamme als ein (reparierender) Zahnarzt. Ideen sind ja auch keine Karies, sondern ein Schatz, der für das Bestehen in der Außen-Welt vorbereitet werden muss.

Wenn aber wir selbst die Lösung finden, und sehr oft schon, bevor wir noch mit dem Coach von Angesicht zu Angesicht Kontakt aufgenommen haben, fragt sich natürlich, ob wir überhaupt noch hingehen sollen und nicht das Honorar sparen und doch in ein neues Kleid oder ein schickes Abendessen investieren?

Wir überraschen Sie wohl nicht, wenn wir sagen: Trotzdem hingehen! Denn erstens ist dort, wo die Lösungsansätze aufgetaucht sind, noch mehr Positives zu vermuten, das in einer Coaching-Sitzung zu Tage kommen kann, und zweitens ist die ohnedies vereinbarte Stunde eine gute Möglichkeit, die aufgetauchten Lösungen auf ihre Praktikabilität und Überlebensfähigkeit im Alltag zu testen:

◆ Wie lassen sie sich umsetzen?
◆ Wer kann dabei am meisten helfen/stören?
◆ Was wird sich ändern, wenn die Lösung passiert?
◆ Was sind die guten Folgen davon?
◆ Und was die schlechten?
◆ Wäre es nicht vielleicht doch besser, alles so zu lassen, wie es ist?
◆ Wie hoch ist der Preis des Glücks?

Das alles sind doch Fragen, die zu erläutern sich lohnt, wenn der neugeborene Gedanke in der Welt bestehen soll. Und wir können uns dabei freuen, dass wir durch die Vorauswirkung des Coachings gleichsam zwei Stunden zum Preis von einer bekommen. Das ist doch auch etwas, oder?

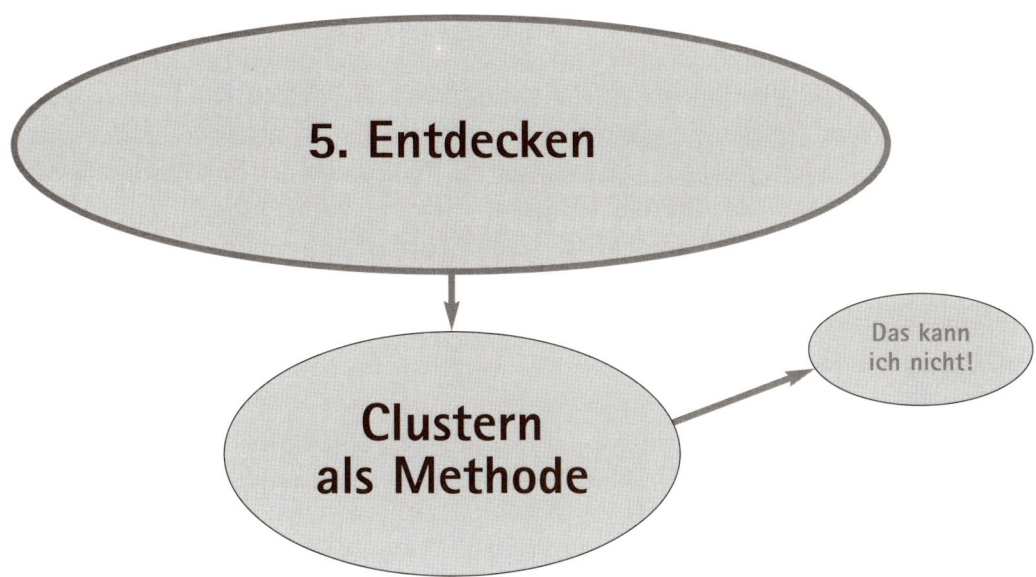

MICHAEL THANHOFFER

Auf unserer Expedition rund um den Globus der Möglichkeiten haben wir zuletzt eine Insel der Kommunikation, die der (professionellen) Zweisamkeit besucht. Die neuen Gegenden, die wir jetzt besuchen, gehören wieder zur Gruppe derer, die mit den Begriffen „solo", „allein", „selbst", „für sich" verbunden sind.

Welche ersten Informationen lassen sich sonst noch als Vorausschau auf das Kommende, als Ankündigung, als Erfahrungsberichte Ortskundiger voranstellen?

Die Methode, um die es jetzt gleich gehen wird,

◆ fördert überraschende Ergebnisse zu Tage.
◆ lässt erste Eindrücke oft nebelig oder sinnlos erscheinen.
◆ erfordert Energie.
◆ führt zu einem sehr deutlichen Ende.
◆ ist auch als Notiz für ein Gespräch gut geeignet.
◆ ist unschulisch.

◆ ist unchaotisch.
◆ fördert Selbsterkenntnis, Selbstdiagnose, Selbstpositionierung.
◆ wird manchmal sehr persönlich.
◆ ist eine zeitsparende Investition.

Kennt sich noch irgendjemand aus?

Im Folgenden werde ich Ihnen die Methode vorstellen und genauer erklären.

Clustern

 Nehmen Sie einen Bogen **Papier DIN A3** oder ein Blatt Ihrer Schreibtischauflage (das aber unbedingt ganz frei von Werbeinformationen, Kalenderspalten oder anderen Aufdrucken sein soll). Für eventuell auftretende Impulse zu farblicher Hervorhebung einzelner Notizen legen Sie sich schon jetzt **Textmarker** oder Buntstifte bereit.

2 Schalten Sie **Radio und Telefon aus** und stellen Sie sich auf eine kurze Arbeitsphase ein, die zehn bis zwanzig Minuten dauern könnte.

3 In die Mitte des Blattes schreiben Sie die **Suchüberschrift**. Das kann ein einzelnes Wort sein, mehrere Worte, der Titel eines konkreten Auftrages, ein Satz, der Ihr Vorhaben zusammenfasst.

4 Die Suchüberschrift umschließen sie mit einem ⬭. Mit diesem Rahmen machen Sie aus der ursprünglichen (Nur-)Buchstabenkombination eine **Buchstabenkombination mit Bildwirkung**.

Suchüberschrift

wird zu

5 Vor Ihnen liegt jetzt also ein recht großes Blatt Papier mit einem deutlichen, unübersehbaren Bild, auf dem Sie lesen können, wonach Sie ab sofort suchen werden. Die Buchstaben, die Sie lesen, sind von einer deutlichen Begrenzung umgeben. Das **Bild**, der ovale Rahmen mit dem Buchstabeninhalt, liegt **im zentralen Mittelpunkt** des weißen Blattes.

6 Wenn Sie dieses Wort (oder die Wortgruppe, den Satz) lesen, fällt Ihnen mit Sicherheit ein **Gedanke** dazu ein. Mag sein, dass er auf den ersten Blick gar nichts mit der Suchüberschrift zu tun hat. Diese Zuordnung ist aber auch völlig ohne Belang. Wichtig ist allein, dass Sie diesen Gedanken sofort auf das Papier schreiben, an eine Stelle in unmittelbarer Nähe des ersten Wortes. Das hinzugekommene Wort (Worte, Satzteil) erhält ebenfalls sofort eine eiförmige Umrahmung, einen Strich als eine abgrenzende Haut, einen Rahmen als optischen Halt.

7 Das neue Oval verbinden Sie mit dem ersten Oval durch einen kurzen **Pfeil**. Der Pfeil zeigt, von welchem Feld Sie ausgegangen sind und welches das neue Feld ist.

8 Das Gesamtbild vor Ihren Augen hat sich verändert: Jetzt sehen Sie auf dem großen, weißen Papier das Titel-Oval und ein angehängtes Oval. In Ihrem Gehirn wird diese neue Wahrnehmung sofort verarbeitet, neue Gedanken werden produziert, ohne dass Sie voraussagen können, in welche Richtung der nächste Gedanke zeigen wird. Während des Schauens entwickelt sich also **der nächste Gedanke** und dieser bekommt wieder einen Platz auf dem Papier. Welchen Platz? Schreiben Sie die neuen Worte in die unmittelbare Nähe des Ovals, von dem der Gedanke seinen Ursprung genommen hat.

9 Das Wort, die Wortgruppe wird wieder mit einem **Oval** gerahmt und durch einen kurzen **Pfeil** mit ihrem Ausgangsoval verbunden.

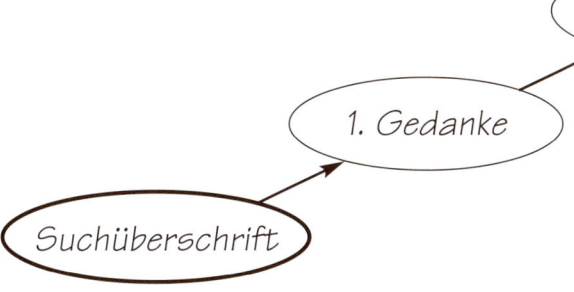

10 Allmählich entstehen **Formen**, die einer Perlenschnur oder einer blättrigen Wasserpflanze hinter einer Aquariumscheibe ähneln. Ihre Länge ist unterschiedlich, es gibt kleine wie große, manche haben Abzweigungen.

11 Sehr wahrscheinlich werden Sie nach einiger Zeit Impulse bemerken, von einem alten Oval zu einem ganz neuen Oval nachträglich eine **Verbindung** herzustellen. Ergänzen Sie diesen Pfeil, wenn sich beim Arbeiten eine derartige Verbindung in Ihren Denkvorgängen aufdrängt.

12 Vielleicht möchten Sie diese neuen Verbindungen durch die Verwendung von Farbstiften oder Textmarkern besonders **betonen**. Farbe kann Ihre Zufriedenheit beim Arbeiten enorm erhöhen. Probieren Sie es einfach und behalten Sie es bei, wenn es gut tut.

Sackgasse?

13 Es wird oft passieren, dass Sie Ovale aneinander hängen und unvermutet reißen die Gedanken ab. Mit sehr hoher Wahrscheinlichkeit unterliegen Sie einer kleinen Täuschung, indem Ihnen Ihr Gehirn signalisiert, dass es dort kein Weiterkommen gibt und dass außerdem alles umsonst war. Wenn Sie das Sackgassengefühl bekommen, schreiben Sie es als nächstes Oval einfach nieder: „Hier fällt mir nichts mehr ein" oder „Da will ich nicht weiter" oder „Blödsinn" etc.

Auch Skepsisattacken halten Sie auf dem Papier fest: „Wo führt das hin?" „Wen wird das interessieren?" „Kein Zusammenhang!" **Nutzen Sie diese Ventile**. Manche Sackgassen sind freilich gar keine Sackgassen, in denen Sie zwar weiter in dieselbe Richtung fahren wollen, aber nicht mehr können, sondern Sie haben einfach keine Lust oder Energie mehr zum Weiterfahren (Weiterdenken). Der Gedankengang in Ihrem Gehirn ist zu Ende. Das passiert sehr oft und das darf auch so sein. Damit kann an einer anderen Stelle des Clusters weitergedacht und weitergeschrieben werden.

Ausstieg und Übergang

14 Während des Schreibens und Skizzierens und farblichen Hervorhebens spüren Sie unterschiedliche Grade der eigenen Zufriedenheit. Unklarheiten wechseln mit Neugier, Unzufriedenheit mit energievoller Aufbruchsstimmung, Suchen mit Finden, Klischee mit persönlicher Note. Das Ende ist überraschend deutlich zu spüren: Es ist das Bewusstsein, ein bisher unbekanntes Gesamtbild, ein (Gedanken-)

Muster gefunden zu haben. Sie erkennen das Ende der Methode, indem Sie die aktuelle persönliche Antwort auf das gestellte Thema erkennen. Sie denken sich deutlich: „Jetzt bin ich fertig!" Und fangen den nächsten Schritt an.

Das Ende des Clusterns ist der Übergang zu einer anderen Methode der Vorbereitung, der sich spürbar aufdrängt. Oft sind es Listen, beispielsweise „To-do-Listen", eine Sammlung von Methoden, eine Überschriften-Liste, die Sie zu schreiben beginnen, oder ein kleiner Detailpunkt wird konkret ausgearbeitet. Jedenfalls nehmen Sie dazu einen neuen Bogen Papier.

Clustern ist in seinem operativen Ablauf also äußerst unspektakulär. Was in seiner Wirkung und seinem abschließenden Ergebnis so oft mit Freude und Zufriedenheit bestaunt wird, entwickelte sich nach wenigen, einfachen Regeln. In eine Kurzform zusammengefasst, sind es weniger als die Zahl der eigenen Finger:

1. Suchüberschrift in die Mitte.
2. Jede Art von Gedanken und Emotionen wird aufgeschrieben.
3. Alles Geschriebene, jede kleine Mitteilung (Wort, Wortgruppe, Satz) bekommt sofort einen Rahmen (Oval).
4. Jedes fertige Oval wird mit seiner Ausgangsbasis durch einen Pfeil verbunden.
5. Anzahl, Länge, Form und Lage der einzelnen Ketten sind bei jedem einzelnen Cluster anders.
6. Spätere Hervorhebungen mehrerer Felder oder Zusammenhänge werden mit Farben betont.

7. Statt Buchstaben können auch Skizzen und Bilder verwendet werden.
8. Das Ende erkennen wir an der eigenen zufriedenen Entspannung und einem deutlichen Bewusstsein von größerer Klarheit.
9. Wird die Suchüberschrift auch nur ein wenig geändert, kommen wir zu einem stark anderen Ergebnis.

Um sich auf die wenigen methodischen Schritte zu konzentrieren, braucht es nur relativ wenig Energie und Aufmerksamkeit. Bei den TeilnehmerInnen in unseren Seminaren können wir beobachten, dass sie meistens schon beim zweiten oder dritten Cluster nicht mehr mit der Methode, sondern ausschließlich mit der Fragestellung, also dem Inhalt beschäftigt sind.

In den anschließenden Reflexionen geht es häufig um folgende Themen und Fragen:

Müssen die Pfeile direkt an beide Ovale anschließen?
Sollen die Ovale unbedingt geschlossen sein?
Wie „schön" ist denn ein guter Cluster überhaupt?

Meistens beobachte ich, dass an Buchstaben orientierte, also vor allem lesende TrainerInnen keine schönen Cluster machen. Sie würden keinen Rechtschreibfehler machen, keinen Beistrich auslassen, die Groß-Klein-Schreibung wäre konsequent beachtet. Die Ovale rund um die Worte sind aber so gut wie nie geschlossen und die Pfeile meist nur einfache Striche, die sehr selten, also eher zufällig beide Ovale berühren. Den Ansprüchen des lesenden, Buchstaben verarbeitenden Gehirns wird voll Rechnung getragen, denen des Bilder aufnehmenden Teils sehr viel weniger. Das mag vielleicht den alltäglichen Gewohnheiten entsprechen und ist insofern gut im Sinn von normal. Allerdings ist der mit analogen Informationen befasste Teil im Gehirn unterversorgt, wenig beachtet, kaum gefordert. Seine Kapazität liegt also großen Teils brach und bringt wenig bis keinen Nutzen in die Arbeit ein. Implizit geht es hier also darum, ob Sie es sich leisten wollen, auf die aktive Mitwirkung dieser Kapazität zu verzichten.

Es stimmt schon, dass dem digital arbeitenden Teil unseres Gehirns die Ästhetik der Buchstaben und Ziffern, bildhafte und auch emotionale Informationen (z. B.: Lieblingsfarbe rot) egal sind, aber andererseits sind das genau die Teile, mit denen sich die analogen Denkbereiche beschäftigen. Und es sind genau die Teile, mit denen sie sich – ausschließlich – beschäftigen können.
Ein wenig mehr Investition in die **bildhafte Qualität des Clusters** ist also gleichzeitig eine **Anregung und aktive Beteiligung** des einen Bereiches ohne (!) Störung des anderen.
Auch in Ihrem späteren Seminar, für das Sie sich vorbereiten, geht es nicht allein um das *Was* des Inhalts, sondern sehr stark auch um das *Wie* des miteinander Arbeitens und viele TeilnehmerInnen orientieren sich mehr und leichter an Bildern, Szenen, Handlungsabläufen als an Buchstaben und Texten.

 Wie groß muss das Papier sein?

Nicht alle möchten gern auf einem großen leeren Blatt Papier eine Arbeit beginnen, wo sich doch – noch – ein leichter Schauer innen drin verspüren lässt, wie diese gähnende Leere zu füllen sein könnte. Bewährt hat sich, auf einem DIN A3 Blatt zu beginnen. Das Querformat hat sich ebenfalls bewährt, weil dadurch nicht nur nach oben und unten, sondern leichter auch nach links und rechts gearbeitet werden kann.

Niemand kann voraussagen, ob die Gedanken in alle Richtungen gleichmäßig wachsen. Das ist nur in Ausnahmefällen so. Der Platz auf der einen oder anderen Seite der Suchüberschrift kann also nach einiger Zeit knapp werden. Die am wenigsten einengende und reibungsloseste Konsequenz daraus ist, an den entsprechenden Rändern des Bogens ein neues Blatt anzukleben. Damit nehmen Sie erneut **Rücksicht auf Ihre analogen Denkvorgänge**: Für die macht es eben einen Unterschied, ob sie eng ineinander geschlungene Girlanden und unübersichtlich gewordene Verbindungslinien vor sich sehen oder eine Perlenkette, die Platz hat, sich weiterzuentwickeln und Struktur zu zeigen. Mit der Erweiterung der freien Papierfläche geben Sie Ihren Gedanken das Signal, sich weiterentwickeln zu können zu einem Zeitpunkt und an einer Stelle, wo es passend ist.

 Ist Clustern nicht dasselbe wie ein Brainstorming? Was ist der Unterschied?

Mit der Bezeichnung „**Brainstorming**" werden einige, einander ähnliche Vorgehensweisen versehen, die meistens darauf abzielen, möglichst viele Ideen zu einem Thema zu sammeln. Meistens machen mehrere Personen miteinander ein Brainstorming. Antworten (Worte) werden einem

Gruppenschreiber zugerufen oder selbst auf Moderationskarten geschrieben. Je ausgefallener die Ideen umso besser. Eine Bewertung der Ideen erfolgt aber erst nach dem eigentlichen Brainstorming.

Mit **Clustern** haben Sie als Ziel, Ihre ganz persönliche und ebenso aktuelle Position zu einem Thema zu finden und zu erkennen. Dabei kommen jede Menge von Assoziationen ans Tageslicht, kreative Ideen, alte Klischees, Gedanken, die Ihnen durch den Kopf schwirren, auch Gedanken, die zu einem anderen, parallelen Arbeitsthema gehören, Körperwahrnehmungen, Gefühle, Gedanken über Gefühle usw.

Mit einem Cluster machen Sie sich selbst auf die Suche nach Ihrer eigenen momentanen Möglichkeit und Klarheit. Brainstorming wird meistens als ungeordnetes Chaos gesehen und genutzt. Durch die Verbindungspfeile und die Farblinien entsteht beim Clustern allmählich eine Struktur. Die Entstehung eines Gedankenganges wird und bleibt nachvollziehbar. Manchmal wird ein Gedanke, eine Aussage, ein Feld erst einige Minuten später plausibel oder wertvoll. Die Struktur der ganz persönlichen Gedanken entwickelt sich Schritt für Schritt mit.

Die ovalen, manchmal auch farbigen Rahmen rund um die geschriebenen Worte aktivieren die analog arbeitenden Gehirnregionen. Die Ordnung der ovalen und unterschiedlich großen Felder und die **Struktur** durch die Verbindungspfeile und Linien werden ebenfalls auf diese Weise wahrgenommen und verarbeitet. Auch auf auftretende individuelle Sackgassengefühle und Skepsisattacken kann ich innerhalb des Brainstormings nicht reagieren.

Ist das nicht alles viel zu persönlich, wenn es beispielsweise um die Vorbereitung eines Fachseminars geht? Da kommen manchmal Themen oder Details, mit denen ich mich eigentlich im Moment gar nicht beschäftigen möchte. Was tue ich, wenn dabei so gut wie gar nichts zum eigentlichen Thema, zur Suchüberschrift herauskommt?

Der Verlauf und das Ergebnis eines Clusters hängen zum allergrößten Teil von drei Einflussgrößen ab:

◆ Formulierung der Suchüberschrift
◆ Momentane Befindlichkeit
◆ Zusammenspiel der beiden

Diese drei Punkte sind nur sehr beschränkt direkt beeinflussbar. Am einfachsten ist es sicher, die Suchüberschrift neu zu formulieren bzw. sie von Anfang an recht eng zu fassen. „Teamtraining" wird Sie in einer anderen Weise denken lassen als „Basisseminar Teamtraining Service-Center" oder der Fast-Satz „Vom Teamtrainingsseminar zufrieden nach Hause kommen."

Der Verlauf des Clusters und die brauchbaren Ergebnisse sind Ihre vielleicht neu gewonnene, jedenfalls aber deutliche Bewusstheit über wesentliche Elemente Ihrer beruflichen Arbeit und Identität. Sie haben den Cluster auf Ihre Art gemacht. Jetzt. Angesichts dieses Themas.

Mit **allzu persönlichen Aussagen** (Wem ist es zu persönlich geworden?) Ihres Clusters können Sie **bewusst und direkt** umgehen: Sie sehen, dass Ihnen ein privates Thema selbst bei sehr sachlicher Themenformulierung ständig und unbewusst in den Sinn kommt. Gehen Sie davon aus, dass es wichtig ist und offensichtlich eine Menge Kraft bindet. Sie entscheiden, ob Sie dieses Thema in angemessener Weise in Ihre Arbeit einbeziehen möchten.

Oder Sie entscheiden sich, sich vor weiteren Arbeitsschritten oder nach dem Abschluss der Arbeit genügend intensiv damit zu beschäftigen. Jedenfalls steht Ihnen eine **bewusste** Vorgangsweise offen und das wichtige Thema braucht sich nicht zu maskieren, um doch noch eine Rolle, meistens eine irritierende, störende, niemandem verständliche Rolle spielen zu können. Manche privaten Bilder und Aussagen in Clustern erlauben Ihnen einen kurzen Blick auf die Wurzeln und Orientierungen, die Ihnen persönlichen Halt geben. Sie sind also nicht störend, brauchen auch nicht weitere Aufmerksamkeit, sind einfach da.

Und die Gedanken, die allzu **banal und klischeehaft** oder nicht zum Thema zugehörig erscheinen, die mir nutzlos vorkommen, oder Gedanken, die sich in fast jeden meiner Cluster hineindrängen?

Ja, diese Gedanken gibt es. Sie sind **Ausdruck meiner Identität**, wenn Sie so wollen, die in dieser Deutlichkeit nicht immer wahrnehmbar wird. (Es wäre auch nicht immer sinnvoll oder passend.) In meinen Clustern kommt beispielsweise sehr oft der Name meiner Frau vor. Ich schätze die Fruchtbarkeit dieser Gedanken mehr als mich ihre Störung irritiert. Immer wieder entwickeln gerade diese Elemente eines Clusters bzw. entwickelt sich an diesen Elementen eines Clusters eine sehr persönliche Form, etwas, das Sie zu anderen KollegInnen positiv unterscheidbar macht.

Zusätzlich sind häufig wiederkehrende Gedanken etwas, mit dem Sie schon viel Erfahrung haben. Diese Routine gibt Sicherheit und erlaubt Ihnen, auf Kleinigkeiten zu achten und mit Details zu spielen in einer Art und Weise, wie Sie es mit einem völlig neuen Gedanken nie tun könnten.

Manchmal weist mich der vorerst störende Gedanke darauf hin, etwas Bestimmtes zu tun, was ich in der Hektik oder Konzentration der aktuellen Arbeit sonst vergessen hätte. Er ist letzten Endes also doch ein nützlicher Einfall, dem ich sofort oder zu einem genau fixierten späteren Zeitpunkt unbedingt nachgehe. Insofern macht er meine Aufmerksamkeit ein Stück freier für die konzentrierte oder lockere Erledigung der vorliegenden Arbeit.

Hat es einen Sinn, zu demselben Thema, also mit derselben Suchüberschrift, immer wieder einen neuen Cluster zu machen?

Das hängt von Ihrem Interesse ab. Ich selbst verwende zu Demonstrationszwecken immer dasselbe Ausgangswort. Davon ausgehend entwickelt sich der aktuelle Cluster, also mein tages-aktueller Cluster zu dem Begriff. Einige Gedanken und Bilder wiederholen sich schon seit Jahren, viele tauchen hin und wieder auf. Manche kommen neu hinzu. Meistens sind die ersten Gedanken und Aussagen die, die schon früher einmal aufgetaucht sind, und Neues wird erst im Laufe des Clusterns sichtbar.
Die deutlichen Positionen zum Abschluss, die mir wichtigsten Ergebnisse und Ideen, sind bisher jedenfalls immer neu gewesen. Es gab Ähnlichkeiten, aber noch keine exakte Wiederholung.

Heute ist nicht gestern: Richtigkeit und Dimension dieser banalen Aussage werden mit unerwarteter Deutlichkeit sichtbar, wenn Sie clustern. Allerdings eröffnet sich diese Deutlichkeit nicht von selbst und Sie müssten gleichsam nur darauf warten, dass es wieder passiert. Clustern fordert als Investition zuerst einmal eine Portion Energie und eine Portion Mut, tatsächlich die gewohnten Schienen für mindestens einen Moment zu verlassen. Sie können eben nicht voraussagen, ob der Schritt, den Sie gehen, richtig oder falsch ist.

Orientieren Sie sich an den Szenen einer Bergtour. Der Berg ist vielleicht hoch, manche Wegabschnitte steil, das Gelände unübersichtlich, die Sicht eingeschränkt, vieles unbekannt. Wenn Sie in Serpentinen gehen, ist das kein Umweg, sondern eine bewusste Entscheidung zu einem besseren, leichteren, angenehmeren persönlichen Vorankommen.
Wenn Sie die ersten Schritte gemacht haben und weiter Schritt für Schritt unterwegs sind, werden Sie beim Gehen bemerken, wie es Ihnen heute geht, in welchen Details Sie heute anders unterwegs sind als gestern oder jemals zuvor, was Ihnen heute wichtiger ist also sonst.

Manchmal kann es sein, dass Ihre Geduld ein wenig auf die Probe gestellt wird, bis es zu einem befriedigenden Ende des Clusterns kommt. Es dauert länger als sonst, jedenfalls länger als Ihnen lieb ist. Gelingt es vielleicht doch nicht immer, zu einem zufrieden stellenden Ende zu kommen? Ich kenne dieses Gefühl, das ich manchmal bei der Livedemonstration eines Clusters habe. In meinem Kopf habe ich gleichzeitig das Wissen, dass es immer gelingt und die Unsicherheit, ob diesmal vielleicht ausnahmsweise ...
Bis jetzt ist es immer gelungen.

Was mache ich, wenn ich vor ein völlig fremdes Thema oder eine gänzlich neue Aufgabe gestellt bin? Kann ich mit Clustern größere Themen, z. B. einen fremden Text oder ein fremdes Konzept bearbeiten?

Clustern hält auf digitale Weise (Buchstaben) und analoge Weise (Ovale, Linien, Farben, Bilder, Skizzen, Struktur) wichtige Gedanken auf Papier fest. Wenn Sie vor ein Thema gestellt sind, mit dem Sie bisher noch nichts zu tun hatten, können Sie zwei Varianten probieren:

◆ clustern wie bisher oder
◆ abwechselnd clustern und ein Stück im Text lesen.

Damit werden Elemente und Inhalte aus dem Text, aber auch auftretende Fragen sichtbar und übersichtlich gemacht und mit eigenen Gedanken und Positionen verbunden. Immer wieder berichten mir SeminarteilnehmerInnen, dass sie nach der Durcharbeitung mit einem Cluster schriftliche Unterlagen wesentlich genauer verstehen konnten als zuvor.

Meine erste Seminarvorbereitung passiert eigentlich oft schon in einer Vorbesprechung mit den AuftraggeberInnen, also in einem Gespräch mit ein bis drei Personen. Kann ich während einer Besprechung clustern?

Das hat Karin schon oft gemacht und hat uns dazu die folgenden Gedanken zur Verfügung gestellt:

Clustern funktioniert tatsächlich auch als Methode, Notizen zu machen, die anschließend von mehreren Personen besprochen werden. Während ich dem anderen (z. B. einem Auftraggeber) zuhöre, entsteht mein Cluster aus dem, was ich höre und dem, was mir dazu einfällt. Das dauert auch nicht länger, als wenn ich es in Stichworten notieren würde, hat aber den Vorteil, dass sich zu einzelnen Themenbereichen Stichworthäufungen ergeben, die ich anschließend auf einen Blick erfassen kann. Ich nütze den Cluster als Unterstützung für meine Zusammenfassung dessen, was ich verstanden habe. So kann ich in dieser Phase bereits bildhaft vorführen, wie mein Verständnis des Auftrages ist, und nütze die visuelle Wahrnehmungsfähigkeit meines Gesprächspartners. In vielen Fällen wird das weitere Gespräch danach genauer und konkreter, häufig ergänze ich meinen Cluster sogar auf direkten Hinweis des anderen. Am Ende haben wir dann so etwas wie eine **gemeinsame Darstellung**, auf die wir uns einigen können, also eine sehr handfeste Basis für die nächsten Schritte.

Welchen Platz können Cluster in Kooperationen mehrerer Personen sinnvoller Weise einnehmen?

Cluster sind sehr persönliche Vorbereitungen und Einstiege in ein Thema, eine Arbeit, eine Aufgabenstellung. Deshalb ist es auch unsinnig, wenn zwei oder mehrere Personen gleichzeitig gemeinsam einen Cluster machen.

Wenn mehrere Personen eine Kooperation oder eine neue Phase ihrer Kooperation beginnen, ist freilich eine **individuelle Vorbereitung vor dem gemeinsamen Beginnen** sinnvoll und überaus positiv. Für derartige individuelle Vorbereitungen eignet sich Clustern durchaus, weil es sowohl sachlichen als auch persönlichen und zwischenmenschlichen Aspekten Raum gibt.

Der Cluster auf dem Papier ist als Visualisierungshilfe eine **beschleunigende, die Konzentration fördernde Gesprächsunterstützung**, wenn beide PartnerInnen anhand ihrer Papiere ihre vorbereiteten Gedanken einander mitteilen. Damit nützen sie nicht nur verbale Kommunikationsmittel (Sprache), sondern auch optisch-digitale (Buchstaben) und optisch-analoge Medien (Bilder, Farbe, Struktur).

Clustern und Mind-Mapping schauen einigermaßen ähnlich aus. Welches sind die wesentlichen Unterschiede?

Beide Methoden beziehen sich auf dieselben Vorgänge im Gehirn und haben deshalb viele Mechanismen gemeinsam.

Darüber hinaus gibt es einige Unterschiede, die insgesamt zum Entstehen unterschiedlicher Wirkungen führen. Bei manchen Personen wirken sich einzelne Unterschiede größer, bei anderen kleiner aus.

Die Unterschiede aus der Position des Clusterns:

◆ Die Worte sind in den Ovalen gerahmt, fallen nicht von den Ästen (=Linien).
◆ Linien, Gedanken-Perlen-Ketten entwickeln sich sowohl vom Mittelpunkt als auch von jedem anderen Punkt weg. Bei den Mind-Maps beginnen sie immer in der Mitte.
◆ Jede Notiz (Oval) auf dem Papier ist wie ein Schritt in einem Garten, nicht wie das Klettern auf einen Baum, also nicht von vornherein zu einem Ziel hin geordnet.

- Einzelne Felder (Ovale) sind zuerst nicht hierarchisch miteinander verbunden (Mind-Map: Hauptast – Zweig – Nebenzweig – usw.). Die Bedeutung, das Gewicht entsteht erst etwas später oder wird erst zum Schluss deutlich erkennbar.
- Wortgruppen, Slogans, Sätze sind wichtig, clustern klingt mehr nach Sprache. Es wird nicht auf Stichworte gezielt oder eingeschränkt.
- Eigenschaften und Emotionen zu Hauptwörtern sind wichtig und werden aufgeschrieben, geben damit persönliche Anknüpfungspunkte und machen das Ergebnis der Methode persönlicher.
- Kreative Ideen entstehen sehr häufig an kleinen, aber individuell sehr wichtigen Details, also Eigenschaften der Nomen oder exakten Verben.
- Mind-Maps sind den Listen näher verwandt.
- Einzelne Gedanken-Perlen-Ketten können ineinander übergehen und einen neuen Gedankengang beginnen. Die Äste im Mind-Map bleiben für sich.
- Die persönlich angenehmste Schrift wird verwendet, nicht nur Druckbuchstaben.
- Der Wechsel auf eine andere Ebene ist integriert. Nach einem „Mir fällt nichts ein!" kommt in drei Viertel aller Fälle sofort ein nächster Gedanke.
- Cluster sind offener, weniger gewollt.
- Sie liefern die bessere Integration von Emotionen und Prozess.
- Beim Clustern kann man leichter lachen!

Karin Eichhorn-Thanhoffer

Automatisch geschrieben

Ich kann nicht zeichnen
Ich mag nicht malen
Mind-Maps sind was für Kinder und verspielte Charaktere
Cluster werden genau so sein
Meine Handschrift gefällt mir nicht
Bei mir schaut das immer so unordentlich aus

So viel Zeit hab ich nicht

Ich mag nicht kritzeln

Ich schreibe mir das lieber alles untereinander auf

Mit Farben arbeite ich nicht gern

Ich mag nur gute Stifte haben

Meine kratzen

Am Ende soll es gut ausschauen

Ich will zufrieden sein

Aber nicht nur ein Gemälde herstellen

Ich will auch sinnvolle Arbeit produzieren

Mag mir nicht blöd vorkommen

Ist das auch richtige Arbeit?

Was ist, wenn das jemand sieht?

So einen Zettel kann ich doch niemandem zeigen

Nachher muss ich ohnehin alles noch einmal ordentlich schreiben

Doppelte Arbeit – zahlt sich nicht aus

Nur für mich – eigentlich wie Notizen schreiben

Am wenigsten mag ich das *Kreative* daran

Ich bin nicht so!

Ich bin eher ernsthaft

Mag nicht spielen

Schon wieder so eine neue Methode – und was bringt das?

Was schadet's?

Probieren?

Jetzt hab ich mich also selber überredet?

Das finde ich aber auch ärgerlich

Ich wollte nicht an den Punkt kommen, wo ich doch dafür bin

Ich mag nicht

Aber wirklich dagegen haben kann ich auch nichts

Jetzt eher neutral

Am Anfang negativ

Ist das eine Entwicklung?

Wenn ich die Liste jetzt nehme, kann ich einen Aufsatz darüber schreiben, welche Gedanken ich mir zum Clustern gemacht habe

Dazu hätte ich auch einen Cluster machen können

Hat das Clustern jetzt schon funktioniert, obwohl ich es gar nicht gemacht habe?

Habe ich mich in der Verweigerung verfangen?

Oder entwickelt?

Ist mir jetzt auch egal

Jetzt lass ich das einmal so stehen

Bin gespannt, was der Michael dazu sagt

Das ist schließlich kein Cluster und doch?
Ob er so was schon kennt?
Ein Listen-Cluster?
Schriftsteller machen das ja auch
Ecriture automatique
Gedankenstrom
Innerer Monolog
War eine Zeit lang total modern
Sollte das Unbewusste nach außen schaufeln
Das will ja der Cluster auch
Bloß Unbewusstes sagt heute kaum noch jemand
Eher Ressourcen, Lösungen, Ideen, Gedanken
Sind ja auch unbewusst, so lange sie nicht auf dem Papier sind
Und dann plötzlich da
Dann lässt sich damit arbeiten
So wie hier

(Investition: Sieben Minuten)

Cluster Unlust

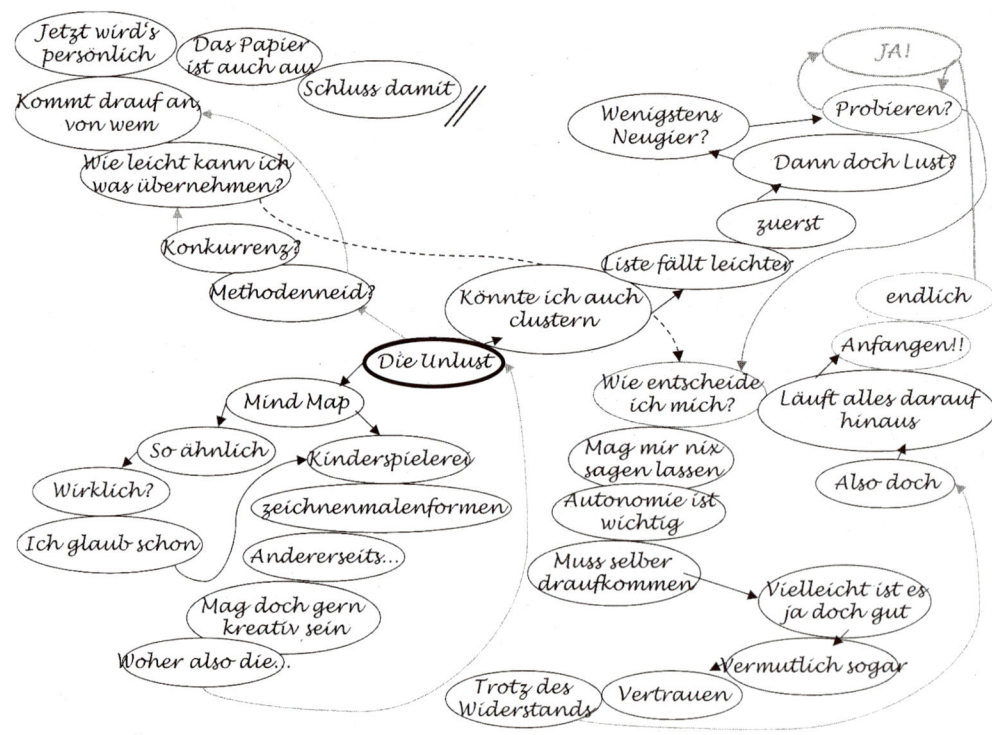

(Investition: 10 Minuten)

Das kann ich nicht!

Über die Nähe zur dritten oder vierten Dimension

Methoden, Gedanken rauszulassen

Automatisches Schreiben und Clustern – beides probiert – ein Vergleich!

Karin Eichhorn-Thanhoffer

Die Gedanken wollen frei sein –
lass sie heraus –
und mit anderen Gedanken spielen.

Siemens Inserat für die EXPO in Hannover

Nun habe ich also beide Methoden ausprobiert. **„Automatisches Schreiben"** und **„Clustern"** zum Thema: „Warum ich nicht clustern mag" oder eher „Warum ich gerade jetzt nicht clustern mag" oder „Warum ich nicht clustern mögen könnte" oder „Was ich alles überlegen muss, bevor ich zu clustern beginnen kann" oder „Was ich aus dem Weg räumen muss, bevor der Cluster entsteht" oder ...

Beide Methoden haben Gedanken aus mir herausgeholt, die da schon gelauert haben und andere produziert, von denen ich zuerst nichts gewusst habe, die aber aus mir entstanden sind und daher zu mir und dem Thema offenbar dazu gehören, auch wenn sie mich aufs Erste überraschen. Beide Methoden haben mich in Gegenden gebracht, von denen ich vor Beginn der Arbeit nicht angenommen hätte, dass sie mit der Cluster-Unlust etwas zu tun haben. Ich bin zu Gedanken gekommen, die sich sowohl mit der Methode beschäftigen (Handschrift, Farben, Malen) als auch mit den Hintergründen dazu (Unbewusstes,

Ressourcen) und mit meiner Position dazu (Abneigung, Konkurrenz, Verweigerung der Methodenübernahme). In beiden Fällen steht **am Ende der Schritt zum Probieren**: „Ich kann es ja einmal tun, und es muss keine Entscheidung für immer sein."

Durch das Aufschreiben sowohl in der Liste wie im Cluster haben meine Widerstände ihren Platz bekommen und konnten deshalb auch nachgeben. Sobald ich sie ans Licht gebracht hatte, waren sie weniger hart, weniger ausschließend und weniger dicht, als ich vermutet hatte. Beide Methoden haben mir also beim Aufweichen von Gedanken, Gefühlen und auf den ersten Blick Unvereinbarem geholfen. Beide Methoden haben mir meine **Ambivalenzen gelassen** und ihnen sogar gleichsam öffentlichen Raum vor meinen Augen gegeben. Alle meine **inneren Anteile haben Platz gefunden** und durften auf dem Blatt auftreten – sowohl beim Automatischen Schreiben wie beim Cluster.

Beide Methoden lassen Gedanken frei und ermöglichen ihnen, miteinander zu spielen, die Spielwiesen schauen aber anders aus. Im Abschnitt über das Clustern sind wir schon darauf eingegangen, wie sich das bloße Schreiben vom Clustern unterscheidet und dass eine Gehirnhälfte weitgehend

5. Entdecken

6. Wollen

7. Genießen & Pflegen

So machen wir's

ungenutzt bleibt, wenn wir auf Formen, Farben, Nähen und Distanzen auf dem Blatt verzichten.

Dennoch möchte ich das Automatische Schreiben nicht gering geschätzt wissen. Meine Gedanken der Reihe nach, unkommentiert, wie sie entstehen und sich aufeinander beziehen, wie sie einer zum anderen führen und einander stützen und widersprechen, untereinander auf ein Blatt zu schreiben, führt zu ganz ähnlichen Effekten wie ein Cluster.

Die **drei allerdeutlichsten Ähnlichkeiten** bestehen darin, dass ich

◆ erstens auch beim Automatischen Schreiben an **Punkte** kommen kann, die so **nahe bei mir** (= privat, persönlich, intim, eigen-artig) sind, dass ich dort nicht weitermachen mag. Auch dort vermerke ich das dann: „Mag nicht weiter." – „Das lasse ich jetzt sein." – „Dieser Satz gehört nur mir." – „Nicht öffentlich." Oder so ähnlich.

Dieser Effekt gibt mir Auskunft darüber, wie nahe mir ein Thema geht und wo überall es mir nahe gehen kann. Mit hoher Wahrscheinlichkeit stoße ich auf Berührungsbereiche, die mir davor so nicht bewusst waren. Wenn ich diese Bereiche bisher nicht kennen gelernt habe, waren sie dennoch wirksam und wären mir irgendwann in meiner Arbeit mehr oder weniger deutlich begegnet (meistens aber versteckt und rätselhaft) und mir in die Quere gekommen. Da ist es doch besser, ich habe sie rechtzeitig ans Licht gebracht und ihnen meinen Schutz garantiert: „Ich kenne euch, ich respektiere euch. Ich werde auf euch achten, aber trotzdem weitermachen."

◆ Zweitens ist es beim Automatischen Schreiben ebenso wie beim Clustern entscheidend, welche **Überschrift** (oder zentralen Begriff) ich wähle. Je nachdem werden meine Gedanken in eine bestimmte, besondere Richtung gehen und mich an einen jeweils anderen Ort führen. Ebenso kann ich damit rechnen, dass ich zur gleichen Überschrift an verschiedenen Tagen unterschiedliche Resultate bekomme. Beide Methoden reagieren auf Variationen im Kontext, häufig sogar viel feiner, als mir selbst (soll heißen: meinem Bewusstsein) die Kontextänderungen deutlich sind.

◆ Drittens komme ich auch beim Automatischen Schreiben an ein **deutliches Ende**. Ich spüre ohne Zweifel, wenn es aus ist, muss mich also nicht fürchten, mich auf eine unendlich lange Arbeit einzulassen und den Bewusstseinsstrom, wenn er einmal ins Fließen gekommen ist, ohne Schaden nicht wieder beenden zu können.

Was sind nun aber die **Unterschiede** zwischen der mit Automatischem Schreiben erzeugten Liste und einem Cluster?
Nachfolgend finden Sie einige, die aus unserer Sicht besonders hervorstechen und für das Ergebnis – Ihre Vorbereitung für die bestmögliche Arbeit – eine Rolle spielen:

Die Liste suggeriert viel eher als ein Cluster **logische/chronologische Abfolge** und möglicherweise sogar **Hierarchie**. Nachdem Sprache nicht in der Lage ist, mehrere Inhalte simultan auszudrücken, sondern die Abfolge der Worte und Sätze auch eine Abfolge der besprochenen Dinge suggeriert, entsteht der Eindruck von „zuerst – danach", oft auch der Eindruck von „wichtig – weniger wichtig", „Hauptsache – Nebensache".

Je mehr es zum Ende kommt, umso eher besteht die Gefahr, dass das, was dort steht, als nachgeordnet aufgefasst wird. Oder umgekehrt: Dass der Anfang der Liste nur als Einleitung wahrgenommen wird, die zu dem eigentlich Bedeutsamen am Ende führt. Beide Ideen werten einen Teil der Liste geringer als einen anderen.

Das kommt daher, dass die Wahrnehmung bei der Liste durch Lesen statt durch **ganzheitliches Erfassen** passiert. Ein Cluster wird nach seiner Fertigstellung als Ganzes wahrgenommen, als Bild, Muster, Struktur und nicht als Text. Daher entsteht dort viel eher auch der Eindruck von Gleichzeitigkeit (und Gleichwertigkeit), der auch dem inneren Empfinden entspricht.

Wenn z. B. in einem Cluster Ambivalenzen zum Ausdruck kommen, so stehen die in unserem Empfinden ja ebenso so gut wie gleichzeitig nebeneinander, was das Umgehen mit ihnen so schwierig macht. Der Cluster ermöglicht mir in diesem Fall einen Blick darauf, wie **verschiedene Strebungen in einer Struktur eingebunden nebeneinander** stehen können, ohne dass die Struktur gesprengt wird. Das kann mich beruhigen und mir neue Sichten auf das ursprüngliche „entweder – oder" eröffnen: Es könnte ja eben auch „sowohl – als auch" heißen, oder „beides – keines davon". Diese (Über)Sicht bekomme ich in einer Liste nicht so leicht.

Wenn wir von einer Wechselwirkung der gewählten Methode mit dem Ergebnis ausgehen, so müssen wir überlegen, dass wir

es mit einer konventionelleren und einer **unkonventionelleren Methode** zu tun haben. Texte und Listen sind dabei das Übliche, Methoden, mit denen wir schon oft gearbeitet haben und die uns auch von anderen bekannt sind. Wenn ich einen Text produziere, habe ich vor allem gar nicht den Eindruck, extra eine Methode anzuwenden, die Absichtlichkeit ist wesentlich geringer spürbar.

Beim Clustern hingegen gehe ich einen ganz deutlichen Schritt zur Anwendung einer Methode. Ich unternehme bewusst etwas, was ich sonst nicht tue, um meinen Ideen auf die Welt zu helfen. Die Form, die ich dazu wähle, entspricht viel, viel weniger der Konvention über professionelle Vorbereitungsarbeit. Ich steige mit dieser Methode aus dem Üblichen deutlich heraus. Wie wird sich das auf mein Ergebnis auswirken?

Will ich gleich im ersten Schritt zu einem **literarisch anspruchvollen Ergebnis** kommen, weil ich im Anschluss durch pure Verbindungsarbeit der Textfragmente, die ich dann vorfinde, einen längeren Text produzieren will, kann Automatisches Schreiben meine Methode sein. Die dabei entstehende Wort-, Satzteil- und Sätze-Liste lädt schon bei ihrer Entstehung zu mehr sprachlichen Feinheiten ein als ein Cluster, unter anderem auch deshalb, weil ich mich weniger beschränke, mich insbesondere bei der Länge der Wortgruppen und sogar Sätze nicht einschränken lasse.

Eindeutiger als im Cluster erzeuge ich durch das Automatische Schreiben Vorformen z. B. eines späteren Artikels oder Aufsatzes. Das bedeutet aber, dass mich Automatisches Schreiben bei aller Automatik leichter zu mehr Sprachtüftelei verführt, die den Gedankenstrom ins Stocken bringen kann. Ich muss mich bemühen, die Worte einfach so zu verwenden, wie sie auftauchen, auch wenn das keine schönen und eleganten Sätze liefert. Ausformulieren und Feinschliff kommen erst in der nächsten Bearbeitungsstufe.

Uns geht es aber in diesem Buch nicht so sehr um das Herstellen von Texten, sondern eher um die Vorbereitung von Trainings- und Moderationseinheiten mit konkreten Menschen, Zeitdimensionen, Orten, Räumen und deren Abhängigkeit und Beeinflussung untereinander. Für die Darstellung derartiger Verflechtungen scheint der **Cluster als vielschichtigere Methode** eher anwendbar als ein Text mit allen seinen Dimensionseinschränkungen (Abfolge, implizite Zusammenhänge, Rezeptionschronologie etc.)

Eine geschriebene Satz- und Gedanken-Liste wirkt ernsthafter als ein Cluster, dem viel eher anzusehen ist, dass er **Handarbeit** ist. Beim Automatischen Schreiben wird bei allem Fragmentcharakter ein Text produziert. Was dort steht, wirkt gewichtiger als die „Kritzeleien" im Cluster. Daran sind unsere kulturell geprägten Wahrnehmungsgewohnheiten schuld. Im Cluster dominieren Handschrift und von malenden, Kreise und Linien ziehenden Händen erzeugte Symbole und Formen.

Automatisch Geschriebenes wird eher schnell einmal getippt, denn schließlich sitzen wir häufig beim Vorbereiten an einem PC-bestückten Schreibtisch, und das handschriftliche Produzieren fällt uns sowieso immer seltener ein. Gedrucktes bekommt jedoch viel schneller einen offizielleren Charakter und wirkt eher und leichter fertig. Cluster bleiben länger im **Experiment-Stadium** und laden zu weiteren Ergänzungen und Verbindungen ein. Natürlich ermöglicht auch jeder Text, jede Liste eine Nachbearbeitung mit Farben und Pfeilen.

Wie immer Sie sich also entscheiden und welche der beiden Methoden Sie jeweils für eine bestimmte Arbeit anwenden, werden Sie **verschiedene Resultate** erreichen. Auch beide Vorgehen zum selben Thema oder zu einander ergänzenden Themen einzusetzen, kann reizvoll sein. Sie werden wahrscheinlich auch entdecken, welche Ihnen lieber ist, leichter von der Hand geht, aber auch welche Ihnen mehr abverlangt und Sie zu besseren (im Sinne von überraschenderen, wirksameren, nachhaltigeren, weiter führenden) Ergebnissen bringt.
Kurzum, mit welcher Sie am besten umgehen und am Ende dann auch besser wirksam werden. Schon wieder ist es nur das, was zählt.

Über die Nähe zur dritten oder vierten Dimension

Zur Beziehung zwischen Methoden und Dimensionen

MICHAEL THANHOFFER

Darstellungen auf Papier, ob in Form von Texten, also Buchstaben und Worten, oder in Form von Bildern, sind per se Abbildungen von Umständen, Wirklichkeiten, die vor allem eine wichtige Funktion haben: Sie sollen vereinfachen. Durch die Vereinfachung wird vieles leichter: Menschen konzentrieren sich leichter auf bestimmte Aspekte von sehr komplexen Umständen, manche Lernvorgänge gelingen schneller oder werden überhaupt erst ermöglicht, die Kommunikation mit anderen Menschen wird erleichtert.

Vereinfachung ist allerdings nichts aus der Kategorie „existiert oder existiert nicht", ist nichts Binäres, sondern tritt in unterschiedlichen Ausprägungen auf. Das ist insofern von großer Bedeutung, als es erlaubt, ja sogar zwingt, sich hinsichtlich des Grades und der Art der Vereinfachung zu entscheiden. Mehr oder weniger zu vereinfachen ist nicht besser oder schlechter, es wirkt nur anders. Und schließlich zieht es eine jeweils andere Art und Länge der Rückkehr von der vereinfachten Darstellung in die komplexen Umstände nach sich.

Vor diesem gedanklichen Hintergrund vergleiche ich die Methode des Clusterns mit allen anderen Vorbereitungsmethoden:

◆ Geschriebener Text suggeriert leicht zeitliche Linearität. Die Umstände scheinen sich weitgehend hintereinander zu entwickeln und nicht gleichzeitig. Die Informationen (Buchstaben) werden in großem (Lese-)Tempo hintereinander aufgenommen und verarbeitet.

◆ Bilder suggerieren eher Gleich-Zeitigkeit. Was auf dem Bild erkennbar ist, ist zur selben Zeit erkennbar, scheint also eher gleichzeitig zu existieren. Die Bildinformationen werden zu einem sehr großen Teil als Ganzes, also gleichzeitig aufgenommen.

◆ Mind-Maps geben bildhafte und textliche Informationen. Allerdings ist die bildhafte Information zu einem großen Teil schon von Beginn an in einer zeitlichen Linearität vorstrukturiert: Baum – dicke Äste – dünne Äste: Da wird ein starkes Signal gesetzt, was zuerst da war und was später nachgewachsen ist. Die Dicke der Äste signalisiert auch, wer wen trägt und damit stärker ist als der andere.

◆ Im Cluster sehen wir Bilder und Textteile und Verbindungslinien. Während des Arbeitens zu einem späteren Zeitpunkt werden sich mit hoher Wahrscheinlichkeit manche Linien optisch verstärkt haben und neue werden hinzugekommen sein. Bisweilen entstehen in Clustern auch Linien, die sich zu bewegen scheinen, bei denen der Autor den Impuls hat, ständig mit dem Stift denselben Weg hin und her zu fahren.

Die Überlagerung von geschriebenem Text und gezeichnetem Bild ohne Vorstrukturierung verhindert eine vorzeitige Festlegung, was wichtiger ist als anderes. Damit bleibt etwas offen. Fehlt. Kann die Gedankenprozesse anstrengen. Schließlich will ich mich auskennen undsicher fühlen. Irgendwann, also zu einem späteren, dem Gehirn möglichen Zeitpunkt, wird das innere Bild zum gestellten Thema und den Vorhaben, die wir damit verbinden, deutlich. Die Deutlichkeit ist, ohne dass das bewusst bemerkt werden muss, durch die Einbeziehung einer dritten oder weiteren Dimension ermöglicht worden. Was zuerst vor allem nur eindimensional, hintereinander schien oder vor allem nur zweidimensional, gleichzeitig oder flächig schien, wird mit einer nächsten Dimension mindestens kompletter. Was gefehlt hat, kann so etwas Kleines wie ein Vorzeichen vor numerischen Zahlen oder wie der Maßstab auf einer Landkarte sein. Aber die Auswirkung dieses Kleinen auf das Große ist möglicherweise enorm. (Wechseln Sie vor den Zahlen Ihres Kontostandes das Vorzeichen oder die Währung!) Komplett fühlt es sich einfach besser an. Treffender. Praktischer.

Zurückkommend auf die Äste und Zweige der Mind-Maps kann ich mit der Methode des Clusterns leichter entdecken, dass die geschriebenen und gezeichneten Gedanken nicht nur in sich stimmen, sondern erkenne auch ihre gesamte Wichtigkeit für mein Vorhaben.

Der Cluster scheint mir die Vorbereitungsmethode auf Papier zu sein, die der **Komplexität der Welt und unserer Unternehmungen** am leichtesten nahe kommt.

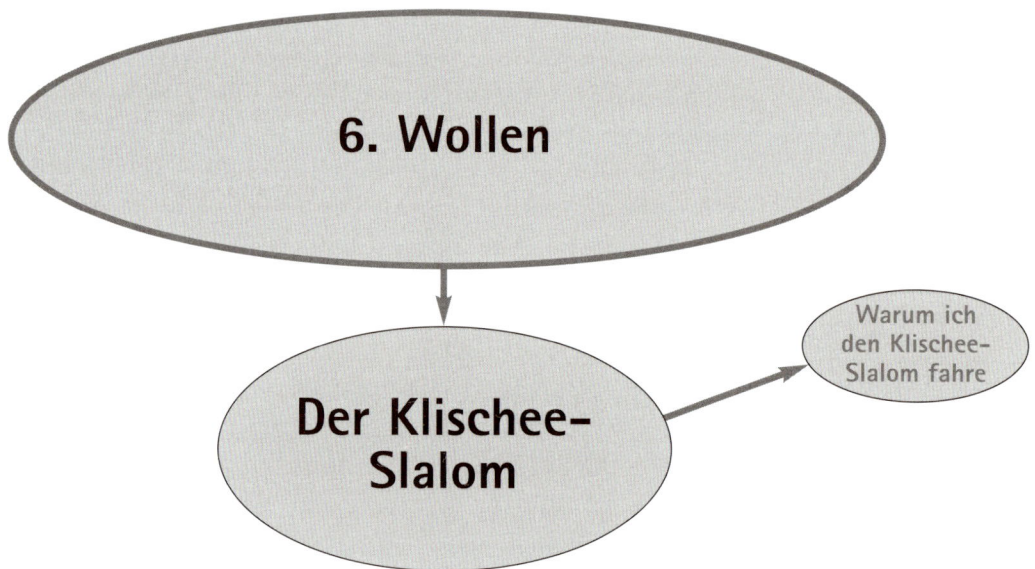

MICHAEL THANHOFFER

Ob Sie auf dem langen Weg der bisherigen Kapitel hierher an diese Stelle gekommen sind, das ganze Buch von seinem Ende her rückwärts lesen oder aus einem anderen Grund direkt an dieser Stelle gelandet sind: Seien Sie herzlich willkommen!

Sie befinden sich am Beginn eines Kapitels, das sich beim Lesen anders anfühlen wird als alle anderen.

Wenn fast alle anderen Methoden und Überlegungen in diesem Buch mehr oder weniger deutlich mit dem Begriff „gestalten" oder „aufbauen" verbunden werden können, geht das hier am wenigsten. Zumindest auf den ersten Blick sieht es so aus. Aber diese andersartige Sichtweise wollen wir nutzen und bleiben deshalb recht lange bei diesem ersten Blick.

Wenn bisher vor allem Möglichkeiten für Fortschritt gesucht und positive Ansatzpunkte aufgegriffen wurden, so schauen wir jetzt auf die **störenden Faktoren** und suchen alle möglichen Gründe, warum etwas *nicht* geht. Die emotionale Farbe ist also nicht so freundlich und nett und bunt. Die Stimmung ist gespannter, vielleicht sogar ein wenig aggressiver, auch kräftiger und ruppiger. Ungeduld und Frustration scheinen da und dort durch. Die Arbeit ist sichtbar härter, die Bewegungen gehen kräftig hin und her. Wir müssen ordentlich wollen! Sieht nach hartem Training für ein hartes Rennen mit starken GegnerInnen aus: Training für einen anspruchsvollen Slalom. Auch Durchhalten ist gefragt. Und selbstverständlich Konzentration und Genauigkeit. In diesem Slalom dürfen wir uns auch keine Schlampigkeitsfehler leisten!

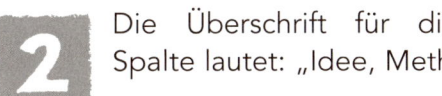 Wie sollen Slalomtraining und Vorbereitung eines Seminars sinnvoll auf einen Nenner kommen?

Es ist der Slalom zwischen den vielen Gedanken, die Ihnen abwechselnd *einfallen* und *missfallen*! Hier am Bespiel der Vorbereitung einer Einstiegssituation für ein ganz bestimmtes Seminar: Als TrainerIn suchen Sie gerade nach Methoden, die Ihnen für eine konkrete Situation, z. B. den thematischen Einstieg, passen und gefallen. Solche fallen Ihnen allerdings auf Anhieb leider nicht ein. Deshalb greifen Sie zum Klischee-Slalom.

Der Klischee-Slalom

1 Ein großes Blatt Papier liegt im Querformat vor Ihnen. Es ist mit zwei einfachen Strichen in drei gleich große Spalten geteilt. Am oberen Rand der Spalten gibt es eine waagrechte Linie, über ihr die Spaltenüberschriften.

2 Die Überschrift für die linke Spalte lautet: „Idee, Methode"

3 Die Überschrift für die mittlere Spalte lautet: „passt nicht, weil zu...!"

4 Über der rechten Spalte bleibt der Raum leer, also keine Überschrift!

5 Sie konzentrieren sich auf die kommende Seminarsituation und darauf, in den kommenden Minuten viele Ideen/Methoden und deren Nachteile für die konkrete Anwendung niederzuschreiben. Sie werden sammeln, was Sie aufgrund Ihrer bisherigen Erfahrung und Ihres Wissens in der bevorstehenden Situation tun könnten, aber aus einem oder mehreren Gründen nicht tun wollen, oder warum es Ihnen nicht gut genug gefallen würde.

6 In die linke Spalte wird die erste Idee/Methode gelistet, die Ihnen in den Sinn kommt.

7 Sofort anschließend schreiben Sie in die mittlere Spalte mindestens einen triftigen Nachteil, der so stark stört, dass deshalb mit dieser Idee das Problem leider nicht gelöst, also die Seminarsituation nicht erfolgreich und zufrieden stellend gestaltet werden kann.

8 Es folgen viele Ideen/Methoden in der linken Spalte und die entsprechenden Missfallensäußerungen in der mittleren Spalte. Der (erste) störende Aspekt muss jeweils sofort aufgeschrieben werden.

9 Seien Sie in der mittleren Spalte durchaus genau und subjektiv. Schreiben Sie jedes störende Detail auf. Falls eine Spalte, meistens ist es die mittlere Spalte, gefüllt ist, fahren Sie auf einem neuen Blatt mit der gleichen Spalteneinteilung fort.

10 Während der Arbeit können und sollen Sie weitere störende Details zu einer schon notierten Methode/Idee ergänzen.

11 Das Ende ist die erste Methode/Idee, bei der Sie keinen störenden Aspekt formulieren können.

Ach ja – da ist ja noch die rechte Spalte! Die Spalte ohne Überschrift.

12 Es musste ja so kommen! Sie haben sich bemüht, viele Vorschläge aufzulisten und Gründe zu notieren, die dafür sprachen, in dem Vorschlag *nicht* die Lösung des konkreten Problems zu sehen. Aber immer wieder kommt es zu gedanklichen Ausbrüchen aus dieser Einschränkung und Sie stoßen auf eine neue Idee oder eine neue Variation einer (in der linken Spalte vorhandenen) Methode/Idee.

Dafür ist der Platz der dritten Spalte reserviert. Sofort festhalten! Und noch ein wenig weiterarbeiten, vielleicht ist das nur der Vorbote einer noch besseren oder attraktiveren Variante.

Ist die neue Variante, neue Idee, neue Methode attraktiv genug für Sie und zieht Ihre Aufmerksamkeit und Energie ganz auf sich, werden Sie wahrscheinlich an dieser Stelle aus dem Klischee-Slalom aussteigen.

? Sie haben nicht bis Schritt 11 arbeiten müssen, sondern einen anderen Ausgang gefunden?!

13 Der Klischee-Slalom öffnet manchmal mehr als nur ein Ziel ...

Diese Methode gibt also Raum, sich mit Aspekten zu beschäftigen, die störend wirken. In ihrer Aggressivität ist sie anstrengend, wirkt aber auch belebend. In dem ständigen gedanklichen Hin und Her zeigt sie Elemente eines Kampfes, einer offenen Auseinandersetzung. Abgrenzung spielt eine wesentliche Rolle. Der andere Pol, das, wogegen die eigenen Gedanken agieren, kann außerhalb der eigenen Person liegen oder auch in einem selbst. Der Anspruch, etwas anders machen zu wollen als ich es bisher gemacht habe, ist ein vorzüglicher Gegenpart und meist eine mächtige, durchtrainierte Herausforderung. Da kann schon einiges auf dem Spiel stehen und der Ehrgeiz legt sich kräftig ins Zeug.

Für manche Menschen sind diese Elemente und die Möglichkeit, sich ihnen einmal bewusst und vielleicht sogar lustvoll hinzugeben, anziehend und ein guter Nährboden für konstruktive Arbeitsergebnisse. Vielleicht gehören Sie zu diesen Menschen.

Es kann aber durchaus auch sein, dass diesen Elementen bei Ihnen weniger Bedeutung zukommt und Sie den Klischee-Slalom in ruhiger, rhythmischer, entspannter Weise fahren. Oder Sie können Ihre sachliche, auf Genauigkeit im Detail ausgelegte Kompetenz ohne emotionale Kurven oder Umwege sehr direkt und rasch ausspielen.

An der Methode sind wie bei einigen der vorangehenden Arbeitsschritte nur einige wenige Punkte besonders wirksam und insofern notwendig:

◆ Die rechte Spalte ist anfangs wirklich leer und deshalb auch ohne Überschrift. Sie zeigt einen Raum, der in dem Moment genutzt werden kann, in dem er gebraucht wird. In die rechte Spalte wird zunächst nichts absichtlich hineintransportiert, aber wenn Sie einen Platz suchen, um etwas abzulegen, das Ihnen gerade einfällt, dann entdecken Sie diese leere Fläche sofort. Sie liegt ja gleich nebenan, neben der mittleren Spalte. Die rechte Spalte wartet auf Ihre neuen (und vielleicht für den gesuchten Zweck besseren) Ideen, auf Erinnerung an andere Methoden, auf Variationen des gerade Verworfenen, die dann doch wirksam sein können, auf erleichternde Ergänzungen, die scheinbar Unmögliches doch möglich machen.

◆ Weil die rechte Spalte keine und damit auch keine auffordernde Überschrift hat, kann sich das Gehirn auch nicht dagegen wehren. Für inneren Widerspruch ist in der Mitte genug Platz. Rechts ist vorerst einfach nur eine leere Fläche, die auch nicht besonders groß ist und daher auch nicht Angst einflößend. So gesehen ist sie irgendetwas und nicht der Rede wert. Sie kann in diesem Sinne paradox wirken, das ist durchaus möglich und gut so. Sie kann aber auch einfach als eine nahe liegende Möglichkeit zur schriftlichen Notiz genutzt werden. Deshalb ist die rechte Spalte genau so breit wie die beiden anderen auch.

◆ In der mittleren Spalte bei den Hinderungsgründen auch Kleinigkeiten und Details zu notieren oder mit einfachen Strichen zu skizzieren, entlastet Sie von der Notwendigkeit, neu auftauchende Gedanken oder Details im Gehirn präsent zu halten. Das ist ab einer bestimmten Menge zu aufwändig oder gar nicht mehr möglich. Sehen Sie mehrere Details vor sich auf dem Papier, kommt es oft zu zwei überraschenden Einsichten: Zum einen erweisen sich die Details bei kurzem Nachdenken als weniger einflussreich als vor kurzem gedacht und verlieren so ihren störenden Charakter. Und da es zum anderen mehrere Details sind, die zu etwas Neuem führen, entwickeln Sie einen neuen Gedanken als Resümee.

Danke, George Tabori, für den wundervollen Ausdruck „Klischee-Slalom"!

Der Klischee-Slalom → **Warum ich den Klischee-Slalom fahre** → 7. Genießen & Pflegen

KARIN EICHHORN-THANHOFFER

Ich habe entdeckt, dass der Klischee-Slalom in der Abfolge der Vorbereitungsarbeiten eine von mir besonders geliebte Station ist. Was ja auf den ersten Blick verwundern könnte, weil er die Konfrontation von lange und mühsam und sorgfältig erarbeiteten Ideen mit allem, was dagegen spricht, bedeutet.

Dass ich aber endlich einmal nicht „konstruktiv-positiv" und „freundlich-optimistisch" und „zielsicher-selbstbewusst" sein *muss*, sondern „kritisch-irritierend", „spitzfindig-angriffslustig" und „kleinlich-negativ" sein *darf*, ist ein Haltungswechsel, der mir große Freude bereitet und mich in eine Stimmung versetzt, die an Kinderspielnachmittage von früher erinnert, wenn wir am Ende durch ein ziemlich mitgenommenes Kinderzimmer getollt sind und wussten: Wir haben es genossen. Die kleine Zerstörung hat uns viel Freude bereitet, und es ist ja nichts wirklich kaputt gegangen, es haben bloß viele Sachen ihren Platz verändert und andere sind ganz aus dem Blick verschwunden, und die zerlegten Einzelteile verstreuen sich gerade unter unseren Armen und Beinen.

Danach war das häufig angeordnete gemeinsame Aufräumen sogar wieder freudvoll, weil wir, noch angetrieben von der Energie des Durcheinander-Bringens, mit Schwung ganz leicht Ordnung hergestellt

haben. Und nachher sehr zufrieden heimgegangen sind. Und müde. Erfolgreich müde.

? Warum fahre ich also den Klischee-Slalom so gern?

Ich mag ihn tatsächlich in allererster Linie deshalb so, weil er mich mit meinem eigenen kritischen Auge versöhnt und meinen inneren Befürchtungsstimmen Raum und Gehör gibt: Warum es nicht gehen kann, das überlege ich mir doch so oft. Und immer wieder lasse ich mich selbst mit diesen Argumenten nicht zu Wort kommen, weil ich ja – siehe oben – „lösungsorientiert" und „konstruktiv" sein will. Und dass ich nicht schon zu Beginn alles in Frage stellen *soll* – sage ich mir, und werde doch meine Zweifel, Befürchtungen und Kassandra-Sätze nicht los, die mir vorsagen, was alles nicht funktionieren wird, weil ...

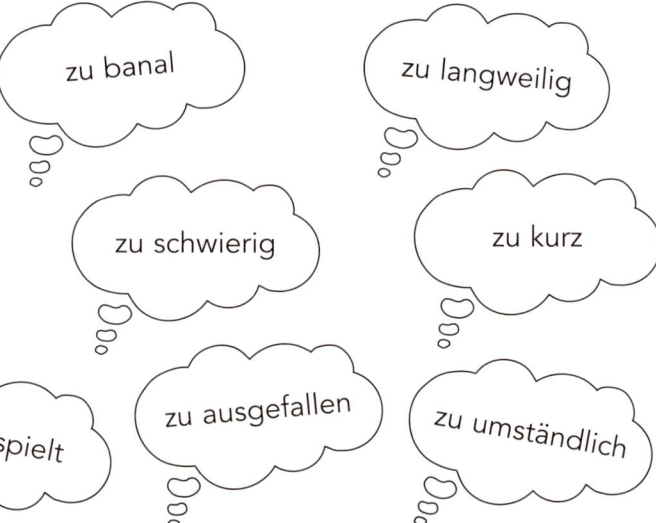

zu banal

zu langweilig

zu schwierig

zu kurz

zu verspielt

zu ausgefallen

zu umständlich

7. Genießen & Pflegen   6. Wollen

So machen wir's

Jetzt sage ich es laut und mit Lust. Meine Zweifelsätze kommen auf das Papier und die vorgestellten Kommentare der anderen, die ich mir sonst innerlich vorsage, nehme ich vorweg und stelle mir die schlimmsten davon vor. Mit diesem hausgemachten Gruselfilm stelle ich mich und mein **Konzept auf eine schaurige Probe**. Die erinnert an die Belastungstests, die das schwedische Möbelhaus für seine Kommoden und Betten entwickelt hat. Methodenfakta® (weil es bei uns ja nicht um Möbel geht). Ich will wissen, was meine Vorbereitung aushält. Ich denke mir dabei: Besser *ich* bin für eine begrenzte Zeit meine eigene Feindin, als abzuwarten, bis die *anderen* eine schwache Stelle finden und zuschlagen. (Natürlich sage ich mir – wie Sie wahrscheinlich auch –, dass ich von den anderen Menschen nichts so Negatives annehmen soll, aber sicher ist sicher, oder?)

Zusätzlich mache ich mir beim Klischee-Slalom eine alte Gewohnheit zu Nutze, nämlich die, die mich daran hindert, einfach anzunehmen, dass das, was ich vorbereitet (= geleistet) habe, gut genug sei. Eigenkritik habe ich viel besser gelernt als Eigenlob, daher habe ich darin auch einige Übung und bin bereit, mich selbst viel detailfreudiger zu kritisieren, als das andere wahrscheinlich jemals tun würden. Und weil mir das so vertraut ist, tut es auch nicht so weh. Wenn ich mir in neuen Schuhen eine Blase geholt habe, steche ich die auch am liebsten selbst auf, weil ich den Schmerz dabei besser dosieren kann.
An dieser Stelle fällt mir dann der Großmutterspruch von der Schönheit ein, die leiden muss. Muss auch ein schönes Seminar in der Vorbereitung leiden? Im Klischee-Slalom hat jedenfalls das Leiden einen guten Platz: Wenn ich weiß, dass die intensive, rücksichtslose Prüfung hier stattfindet, kann ich davor und danach davon absehen. **Konzentriertes, begrenztes Leiden für ein besseres Danach**. Das ist in Ordnung und erschreckt mich nicht. Ganz im Gegenteil, es beruhigt mich und macht mich sicher, dass ich keinen Schönheitsfehler übersehen habe.

Der Klischee-Slalom hat auch einen perspektivischen Ansatz. Wenn ich an einer Sache zu nahe dran bin, fällt es mir schwer, alles an ihr zu sehen. Wenn ich den **Blickwinkel verändere**, sehe ich plötzlich Dinge, die mir zuvor nicht aufgefallen sind. Dass das so funktioniert, ist ja keine Neuigkeit. Wenn ich mich auf die Suche nach einer ganz bestimmten Eigenschaft mache (in unserem Fall nach all dem, was dazu führen wird, dass es nicht funktioniert), erhöhe ich meine Chancen, dass ich bei aller Vertrautheit mit dem Material gleichsam als Nebenwirkung etwas entdecke, was den Erfolg sichern wird. Beim Suchen nach den Mängeln erhöhe ich meine Möglichkeiten, auf **versteckte Trümpfe** zu stoßen.
Vom Spaß habe ich schon einleitend geschrieben. Zerlegen macht Spaß, solange ich die Bauanleitung für das anschließende Wieder-Zusammenbauen habe. Dann bleibt der Spaß auch durch das, was danach kommt, ungetrübt.

> Den Turm aus Bauklötzen bauen und ihn umwerfen. Das hat mir als Kind Spaß gemacht. Aus beiden Tätigkeiten habe ich etwas über Türme gelernt. Ich finde auch interessant zu untersuchen, woran etwas scheitern kann. Und außerdem: Ewig nur positiv ist doch wirklich langweilig, oder?

Wobei mir natürlich sofort wieder etwas Positives einfällt. Offenbar lässt sich jahrelange lösungsorientierte Übung nicht so einfach vom Tisch wischen. Der positive Gedanke ist: Aus allen Schwachstellen, die ich in meiner Vorbereitung tatsächlich entdecke, lässt sich etwas Neues machen in Form von Schutzvorrichtungen, kreativen Umwegen, Alternativen, Mut zur Lücke. Nichts, was ich mit dem Klischee-Slalom unter die Lupe nehme, wird zerstört, aber vieles wird verändert. Es ist also eine Art **zerstörungsfreier Werkstoffprüfung**, und doch wird das gesamte Objekt danach anders aussehen als zuvor. Und ich bin neugierig, was herauskommt, wenn ich meine Vorbereitung durch den Methodenwolf

drehe. Sollte ich mit dem Ergebnis letzten Endes nicht einverstanden sein, habe ich ja immer noch eine unversehrte Version in der Lade (oder vielmehr auf der Festplatte), auf die ich zurückgreifen und mit der ich wieder von vorn anfangen kann, wenn es auf dem Prüfstand zu wild zugegangen ist.

Zum Abschluss aller Gründe für diese eigenartige Disziplin freue ich mich am Klischee-Slalom auch deshalb, weil er mir ein **Gefühl der Stärke** vermittelt: Ich mute ihn mir und meiner Arbeit zu, weil ich sicher bin, dass wir die Konfrontation mit „zu langweilig", „zu schwierig", „zu banal", „zu umständlich", „zu ..." aushalten. Und nachher noch stärker sind als davor.

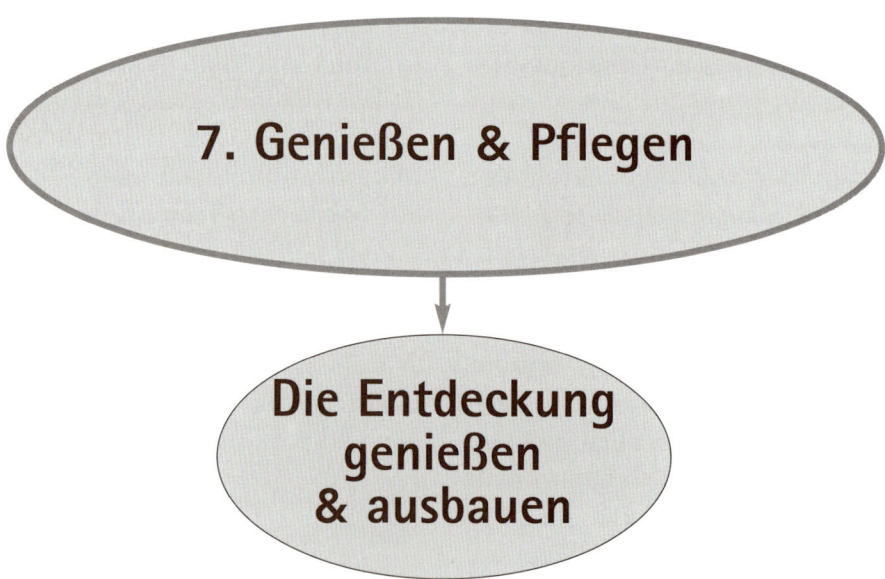

Michael Thanhoffer

Dem blauen Himmel sieht man den Morgen noch an und um acht Uhr ist das ja auch keine Besonderheit. Die erste AUA-

Maschine aus Frankfurt glitzert in ihrem Landeanflug hier über den Hügeln am Rand von Wien. Kurz danach kommt noch eine kleine einmotorige Maschine. Die saftig grüne Wiese unter den beiden großen Hochspannungsleitungen blüht. Die Stühle im Gastgarten sind an die Tische gelehnt. Das Lokal ist geschlossen. Es ist ja auch noch fast niemand unterwegs. Einen Kaffee könnte ich noch gar nicht bestellen, nebenan ein paar Brombeeren, eigenhändig von den dornigen Stauden gepflückt, gibt es aber schon. Der Tag beginnt schön und wird noch viel Arbeit bringen bis zum Abend.

Das Manuskript für das Buch ist fertig. Ich bin zufrieden und nachdenklich.

Was kann ich Ihnen als LeserIn anbieten, wenn Sie bei Ihren Vorbereitungsarbeiten über die Phase des Suchens hinausgekommen sind? Jeder Mensch weiß doch, wie sich das anfühlt und was er am liebsten tut, wenn er gefunden hat, wonach er auf der Suche war!

Gute Tipps zum Genießen fertiggestellter Arbeitsschritte – das klingt ziemlich nach naiv-pädagogischem Rezeptbuch, das offensichtlich die Kompetenz der lesenden TrainerInnen aus den Augen verloren hat. Wer möchte schon für diesen von sich aus schönen Moment seiner Arbeit etwas dazulernen oder braucht eine Erlaubnis, etwas zu genießen? Soll Energie an eine Selbstverständlichkeit vergeudet werden?

Das Suchen war doch auch gar nicht so arg. Und die Idee – die Idee ist nur der Anfang, das Konzept nur ein erster Schritt, das Seminardesign bloß ein Entwurf, der sich erst noch bewähren muss. Jetzt kommt erst die knochige Ausarbeitung. Jetzt wird es erst wirklich schwierig.

Ist das wirklich so? Ist das am Ende der Ideensammlung und nach der Vorbereitung für die Arbeit unser Blick auf das Ergebnis? *„Noch nicht der Rede wert?"* *„Nur der Anfang?"*

Einer meiner Freunde hatte während seines Studiums eine Idee, die er umsetzte und daraus ein erstes Modell baute. Es war die Idee für eine neuartige Vorrichtung, um Druck zu messen, also vereinfacht ausgedrückt eine Art Waage. Das zweite Modell baute er in Zusammenarbeit mit einer großen Industriefirma. Das Ergebnis wurde schließlich am Patentamt angemeldet und als neues Patent international akzeptiert. Als Patentinhaber wurden sowohl der Autor der Idee und Erbauer des Prototyps als auch die Firma eingetragen und zwar in der Relation 1:9. Die erste Idee und das erste Modell waren zu einem recht kleinen Beitrag am Patent geschrumpft, die weitere Entwicklung in den Vordergrund gerückt worden, was in der Relation 1:9 zum Ausdruck gebracht wurde.

Was wäre aber ohne die Basis der ersten Idee und des ersten Modells geschehen?

Für TrainerInnen geht es immer wieder um die Entwicklung neuer Ideen, es geht immer wieder um neue Ansätze und Modelle für das Arbeiten in einer konkreten Gruppe. Und für sehr profilierte TrainerInnen geht es um die immer wieder nötige Aktualisierung ihrer Angebote, Methoden, Konzepte, Designs, Positionen, Aussagen und Kompetenzen, um persönlichen Ausdruck im beruflichen, professionellen Kontext in anspruchsvoller, oft risikoreicher Umgebung.

Wie der Patentbesitzer in meinem Beispiel ist der Trainer auch in der **Rolle des Erfinders und Entdeckers** und des Modellbauers. Er ist nicht nur derjenige, der die auf dem Papier skizzierte Idee in einen minutiösen Ablauf bringt und alle notwendigen Unterlagen ausarbeitet.

Aufmerksamkeit und Anerkennung geben wir in vielen Fällen leichter und lieber den Personen, die Fertiges und deutlich Wahrnehmbares vorzuweisen haben. Anerkennung für die ErfinderInnen, EntdeckerInnen, ModellbauerInnen von Werken, die erst noch ausgearbeitet werden müssen und nur im Ansatz vorhanden sind, kommt uns ungewohnt und irgendwie fremd vor.

Nach der Herstellung von 20 Folien zur Präsentation am Overheadprojektor (oder einer ebenso umfangreichen Power-Point-Show mit allen möglichen Effekten) ist die geleistete Arbeit unübersehbar. Das sieht nach Mühe aus und die Menge der Folien gibt Information über die Dauer des Einsatzes.

Aber wie sieht das bei einer neuen Idee aus? Worüber können Sie zufrieden sein, wenn die Folien noch nicht fertig sind, wenn es erst den dünnen, roten Faden in Ihrem Kopf gibt? Ab wann erlauben Sie es sich, zufrieden zu sein? Wann gönnen Sie sich die erste Feier-Pause?

Die Idee ist nicht der Rede wert? Aber bevor Ihnen diese Idee gekommen ist, waren Sie schon im Nahbereich der Panik, weil Ihnen nicht sofort etwas eingefallen ist, was Ihren Ansprüchen standhalten konnte!? Zuerst soll es auf Knopfdruck aus dem Kopf herausspringen und dann bekommt es auch vor dem inneren Ohr nur abwertende Worte?

Übergänge

Wir kennen das Gefühl, eine Idee und ein paar Skizzen zu haben und zu wissen, dass es daran noch eine Menge zu tun gibt, bis daraus eine Arbeitsgrundlage wird, mit der wir an die (Seminar)Öffentlichkeit gehen können. Wir kennen die Unlust angesichts der vielen kleinen, unspektakulären und doch oft zeitraubenden und mühsamen Arbeiten, bis die ersten Entwürfe brauchbare Trainingsdesigns werden.

Wir wissen aber auch, dass die Art des Übergangs von der Entwicklung in die Ausarbeitung damit zusammenhängt, wie sehr wir die ersten Skizzen schätzen und uns die Zufriedenheit damit gönnen. Und dass die weitere Arbeit außerdem wesentlich davon geprägt wird, mit welchen inneren Bildern wir auf sie zugehen.

In der Folge schlagen wir Ihnen ein paar Übergänge vor. Welcher passt Ihnen am besten? Wir haben die verschiedenen Möglichkeiten als Fragen formuliert und würden uns freuen, wenn Ihre Antworten für Sie nützlich sind.

Die erste Etappe

Ist die erste Vorbereitungsphase für Sie wie die erste Etappe einer großen Radrundfahrt, beispielsweise der Tour de France? Die erste Etappe ist oft ein Einzelzeitfahren, bei dem nicht im Pulk des großen Fahrerfeldes gefahren werden kann. Die Fahrer starten einzeln in kurzen Abständen nacheinander, über den Etappensieg entscheidet nur die Einzelleistung, es gibt keine taktischen Absprachen und Kooperationen, das Durchhalten und Dranbleiben bis zur Schlussetappe spielt kaum eine Rolle.

Wie aussagekräftig ist diese erste Etappe für die weitere Leistung und das Schlussresultat? Welche Einflüsse hat sie auf die eigene Motivation? Wird die gleiche Art von Leistung anerkannt? Wird der Etappensieg überhaupt nicht beachtet oder die ganze Nacht durchgefeiert? Wie lange dauert der mentale Aufenthalt im Ziel, bevor die Aufmerksamkeit der nächsten Etappe gewidmet wird?

Jetzt erst kommt die Knochenarbeit

Wenn die Ausarbeitung von Seminarunterlagen, methodischen und organisatorischen Details etc. harte Knochenarbeit zu werden verspricht:

Wie soll der Weg zu dieser Arbeit für Sie sein?
So mühsam und grau wie der Tag zu werden droht?
Oder sonnig, frisch, klar, mit einem netten kleinen Erlebnis oder einer freundlichen Begegnung?
Gönnen Sie sich einen angenehmen Weg in einen Arbeitstag der Marke „Powerphase" oder setzen Sie auf Härtetests durch Alltagsrealität?

Verspieltes Herumtoben vor der Arbeit

Natürlich kann es passieren, dass Sie in Ihrer ersten Vorbereitungsphase Ideen finden, die verführerisch attraktiv sind, denen aber schon anzusehen ist, dass sie nur zu einem kleinen Teil für das konkrete Vorhaben sinnvoll umgesetzt werden können.

Schnell die Idee wegwerfen und nach einer anderen suchen?
Sich eine Viertelstunde Zeit neh-

men und genussvoll herumtoben und weiter fantasieren?
Ein Telefonat mit seinem Lieblingspartner führen und ungehemmt die Freude über die eigene mentale, kreative Fruchtbarkeit mitteilen?
Erst danach wieder auf den Boden der Arbeitsrealität zurückkehren?

Die Pause nach der Entscheidung

Wenn die Arbeit als TrainerIn mit dem Leben moderner Nomaden vergleichbar ist, könnte die Entdeckung einer guten, vielleicht neuen Idee so etwas sein wie die Auswahl eines neuen Platzes für Ihr Zelt, die Entscheidung, den eigenen beruflichen Lebensmittelpunkt für die nächste Zeit dort, an dieser bestimmten Stelle aufzubauen.

Geht das Finden des Platzes, die Entscheidung für eine bestimmte Möglichkeit, nahtlos über in die routinierte Arbeit des Aufbauens?
Vorher noch einmal durchatmen, sich ein wenig umsehen, ein Gefühl oder eine Ahnung bekommen über das, was hier nahe liegend sein könnte?
Körper und Gedanken vom Status „unterwegs" auf Status „angekommen" umstellen und umgewöhnen, es können, es lassen?

Tschüss, bis zum nächsten Mal

Ja, das war sie, die fantasievolle Zeit der kreativen Abenteuerreise ins unbekannte Land. Der vertraute Raum hat mich wieder. Hier gelten wieder andere Regeln und auch hier ist es schön. Ganz anders schön. Ich werde wieder zurückkommen in einiger Zeit. Jederzeit kann ich diese Grenze überschreiten. Jetzt habe ich sie überschritten, um genaue und kompetente Arbeit zu machen. Ist zwar nicht so bunt und aufregend wie drüben in „Kreatien", aber ich kann das auch gut. Eine tolle Idee habe ich mitgenommen, die kann ich hier gut brauchen und mein Seminar darauf aufbauen. Abwechslung tut gut.

Massage nach dem Match

 War es ein schwerer Kampf, die neue Idee zu gewinnen?

Hat es auch lange gedauert, bis alles klar genug war?
War es sehr ungewohnt, die Aufgabenstellung so unbekannt? Da ist der Muskelkater ja nicht überraschend.
Mentaler Muskelkater wegen kurzfristiger, aber kräftiger Überanstrengung?
Sie haben (mentale) Muskeln verwendet, von denen Sie gar nicht wussten, dass es sie gibt?
Die waren also völlig aus der Übung?
Wo steckt denn der Masseur?

Das lohnt sich, sich einige Minuten hinzulegen und die gedanklichen Muskelverhärtungen wieder weich kneten zu lassen. Der kleine Selbstwertkratzer kann sich der Masseur auch annehmen. Sie sind zum

Glück nicht so arg. Kleine Verletzungen können schon passieren, tun aber nicht so weh angesichts des Erfolges am Schluss. Der zählt schon mächtig. Und jetzt geht es wieder weiter.

Ideen-Einzahl oder Mehrzahl

Eine Idee hat sich gezeigt. Die ist gut, ja!
 Kommen nach ihr noch weitere? Sind da noch einige andere verborgen, aber in der Nähe?
Wagen sich mehrere heraus, eine, die vielleicht noch kräftiger, noch schöner ist als die erste?
Lohnt es sich, ein wenig zu warten?
Warte ich besser ganz ruhig oder soll ich geschäftig umherlaufen?

Dressur

 Ist die Idee ein kleines, zaghaftes Wesen, eine empfindliche Knospe? Oder ein ungestümer Kerl?
Eine kämpferische Amazone? Wild und ungezähmt? Mit einer Dressur könnte ich den Kerl, das Weib vielleicht rasch bändigen und umerziehen, sie sollen gefälligst tun, was ich sage! Ich werde ihnen schon zeigen, wer die Macht im Hause hat.
Keine Dressur, weil dabei zu viel verloren gehen könnte?

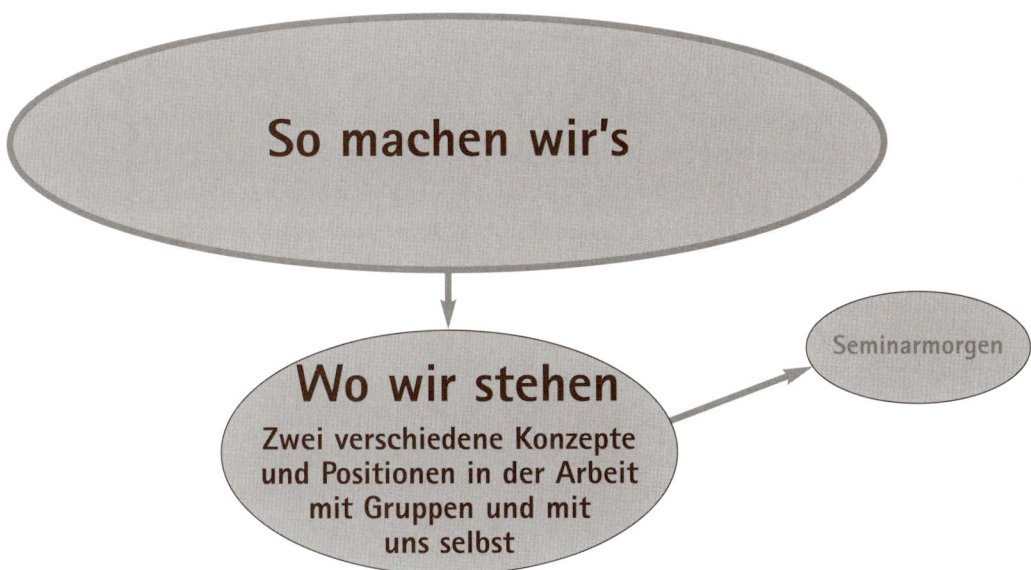

So machine wir's

Wo wir stehen
Zwei verschiedene Konzepte und Positionen in der Arbeit mit Gruppen und mit uns selbst

Seminarmorgen

KARIN EICHHORN-THANHOFFER

Welche Ansprüche habe ich an die Arbeit, die vor mir liegt? Wie will ich die Menschen, die mir im Seminar / in der Moderation / in einer Gruppe begegnen, ansprechen, einbinden, fesseln, faszinieren, interessieren, bewegen, informieren, berühren …? Wie will ich auf sie wirken? Wie viel von der Wirkung kann ich überhaupt gestalten, und wie viel entsteht in den anderen Menschen selbst?

Wer die Frage der eigenen Wirksamkeit als TrainerIn und GruppenleiterIn entscheiden will, steht immer wieder vor den Grenzen eben dieser Wirksamkeit. Und damit auch vor den Fragen, wie es zu einer Überschreitung der Grenzen zwischen den Individuen kommen könnte. Wer wollte nicht die innere Überzeugung, die eigene Begeisterung und die Einstellungen, die einen selbst weiter gebracht haben, anderen Menschen eingeben?

Gerade in den letzten Jahren haben sich viele Trainings- und Seminarformen entwickelt, die mit dem Einsatz von zum Teil spektakulären Methoden die Wirksamkeit der Botschaften erhöhen wollen.
Ich stelle mir die Frage, ob das grundsätzlich etwas daran ändert, dass die Wirkung des Dargebotenen innerhalb der eigenen Grenzen der wahrnehmenden Individuen geschieht. Ausschließlich. Und dass wir als TrainerInnen eben nur auf unterschiedliche Weise Angebote machen können.

Bei diesen Überlegungen bin ich wieder auf ein Konzept gestoßen, das ich in einem anderen Bereich kennen gelernt habe: Seminar und Theater als Plattformen für Veränderungsimpulse. Begleiten Sie mich bei einigen Schritten durch diesen Vergleich!

In Bertolt Brechts Schriften über das Theater findet sich eine Gegenüberstellung von dem, was er „Dramatisches Theater" nannte, also die traditionelle Form des Theaters, in dem die SchauspielerInnen die ZuschauerInnen in eine möglichst vollkommene Illusion von Wirklichkeit führen, die diese mit hoher Einfühlung und Identifikation beantworten, und Brechts eigenem Konzept vom „Epischen Theater", das den ZuschauerInnen eine Handlung eher *erzählt* als *vorspielt*, sie immer wieder durch Unterbrechungen, direkt vom Bühnenrand an sie gerichtete Kommentare, über der Bühne aufgehängte Transparente („Glotzt nicht so romantisch!") und eine spezielle, distanzierte Art der Rollendarstellung und der stellenweise ritualisierten Sprache aus der Identifikation reißt und zwingt, sich dem Drama gleichsam gegenüberzustellen und die eigene Position zu den gezeigten Handlungen zu reflektieren.

Das Epische Theater war für Bertolt Brecht ein Instrument des Lehrtheaters, das er wiederum als Mittel zur Gesellschaftsveränderung verstand. Was das Publikum dort sah und lernte, sollte es im eigenen gesellschaftlichen und ökonomischen Umfeld einsetzen. Episches Theater führt menschliches Verhalten vor und zeigt es als veränderlich, den Menschen zeigt es in seiner Abhängigkeit von den Verhältnissen in seiner Umwelt und fähig, sie zu verändern. Hier wird vermieden, was im Dramatischen Theater als höchste Kunst gilt: die lückenlose Einfühlung der ZuschauerInnen in die handelnden Personen und die (kritiklose) Identifikation mit ihren Handlungen und Aussagen.

Nun soll es nicht weiter um die Erörterung der beiden Theaterkonzepte gehen, die über die Zeit bis heute mehrfach Veränderungen erfahren haben und in dieser Zweiteilung auch, von vielen anderen Konzepten überholt, längst nicht mehr zur Diskussion stehen.

Vielmehr möchte ich der Idee nachgehen, wie sich die beiden Theaterkonzepte in **zwei unterschiedlichen Trainingskonzepten** wiederfinden könnten und was daraus folgt.

Einfühlungsseminar (Dramatisch)	Lernseminar (Episch)
Die Trainerin verkörpert den Inhalt.	Die Trainerin erzählt und zeigt den Inhalt.
Sie verwickelt die TeilnehmerInnen in eine Darstellung, reduziert für eine Zeit ihre Aktivität, vermittelt ihnen Erlebnisse und ermöglicht ihnen Gefühle.	Sie macht die TeilnehmerInnen zu BetrachterInnen, aber weckt ihre Aktivität, vermittelt ihnen Kenntnisse und ermöglicht ihnen eigene Positionen und Entscheidungen.
Sie versetzt die TeilnehmerInnen in das Thema hinein und arbeitet mit Suggestionen.	Sie setzt die TeilnehmerInnen dem Thema gegenüber und arbeitet mit Argumenten.
Empfindungen werden konserviert.	Aus Empfindungen entstehen Erkenntnisse.
Was der Mensch ist und wie er „funktioniert", wird als bekannt vorausgesetzt.	Was der Mensch ist und wie er „funktioniert", ist Gegenstand der Untersuchung.
Die Spannung zielt auf den Ausgang.	Die Spannung zielt auf den Gang.
Die Geschehnisse verlaufen linear.	Die Geschehnisse verlaufen in Kurven.
Die Welt ist vorhersehbar. (Natura non facit saltus.)	Die Welt ist grundsätzlich nicht vorhersehbar. (Facit saltus.)
Die Menschen bestimmen ihre Umwelt.	Die Umwelt bestimmt die Menschen, die wiederum ihrerseits ihre Umwelt bestimmen, von der sie wiederum...
Die TeilnehmerInnen sagen sich: „Ja, das habe ich auch schon gefühlt. So bin ich wirklich."	Die TeilnehmerInnen sagen sich: „Das ist erstaunlich, so habe ich es noch nie gesehen."
„Das ist alles selbstverständlich."	„Das ist alles nicht selbstverständlich."
„So ist die Natur der Menschen."	„Wie verschieden Menschen sein können."
„Ich bin sehr bewegt."	„Ich möchte viel bewegen."

 Ist ein Konzept besser als das andere?

Natürlich taucht diese Frage immer auf, wenn zwei Modelle einander gegenübergestellt werden. Sie lässt sich jedoch nicht einfach und eindeutig beantworten, und es ist überhaupt fraglich, ob sie beantwortet werden muss, da jede Trainerin weiß und erkennt, dass es Arbeitsweisen gibt, die eher der einen oder der anderen Trainingsidee zuzuordnen sind. Und dass es in den meisten Fällen auch immer wieder Trainings- und Lernsituationen geben wird, in denen die beiden Ansätze fruchtbar gemischt werden und einander ergänzen.

Was uns wesentlich erscheint, ist die Bewusstheit der Trainerin darüber, welche Methoden sie eher zu welchen Haltungen der TeilnehmerInnen führen wird und welche eigenen Haltungen zu welchen Ergebnissen eher beitragen. Denn nichts, was wir in einer Gruppe tun, bleibt ohne Folgen.
Wir halten unsere Arbeit, die den Ideen zu diesem Buch zu Grunde liegt, für eher „episch" und dem „Modell Lernseminar" verpflichtet. Weniger geht es uns um Identifikation der TeilnehmerInnen mit den Inhalten, als um ihre Möglichkeit, ihre Position dazu zu finden und aus der heraus **Handlungsmöglichkeiten** für die Zeit nach dem Seminar zu entwickeln.

Das bedeutet nicht, dass wir in unserer Arbeit nicht auch sehr intensiv nach Möglichkeiten suchen, den TeilnehmerInnen nicht nur kognitive Angebote zu machen, sondern auch Erlebnisse und unmittelbar **Erfahrungsmöglichkeiten** zu bieten. Da wir jedoch wissen, dass die aus den Erleb-

nissen entstehenden Handlungsvorsätze im Alltag auf eine harte Probe gestellt werden, ist es uns wichtig, dass sie bereits im Seminar einer kritischen Prüfung unterzogen werden und sowohl mit Argumenten wie mit unterschiedlichen Anwendungsszenarien untermauert sind. Das ist meistens harte analytische Arbeit, die Einfühlen und emotionale Bewegtheit zwar nicht ausschließt, aber dem Erlebnis jeweils seine Reflexion folgen lässt, die – notgedrungen kognitiv dominiert – einen Teil davon wieder irritiert und relativiert.

Ein Beispiel?

Sich von einer Mauer in die ausgestreckten Arme der darunter aufgestellten anderen SeminarteilnehmerInnen fallen lassen, ist in erster Linie ein beeindruckendes körperliches und emotionales Erlebnis. Im **Einfühlungsseminar** würden wir dieses Gefühl ins Zentrum stellen und es zu vertiefen versuchen, bis es die TeilnehmerInnen ganz ausfüllt und tief innerlich bewegt. Darin würde das Ziel und Ergebnis des Seminars bestehen.

Im **Lernseminar**, so wie wir es verstehen, hat das individuelle Gefühl natürlich seinen Platz, aber dort hört es nicht auf. Dem Erlebnis folgt die Reflexion: Wofür steht das Fallenlassen? Wofür die ausgestreckten Hände? Wofür die Mauer? Was von dem Gefühl hat auch im Alltag seinen Platz? Wie kann alles das wieder hergestellt werden, ohne dass sich die Teilnehmerin jeden Tag von einer Mauer fallen lässt? Wie funktioniert die Übersetzung in alltagstaugliches Handeln? Was wird dieses fördern, was hemmen? Wobei wird es im Alltag helfen, wobei wird es stören? Soll es tatsächlich immer vorkommen und für alle Situationen gelten, oder geht es manchmal besser ohne? Und so weiter.

 Ist das nicht schrecklich langweilig?

„Nach allgemeiner Ansicht besteht ein starker Unterschied zwischen Lernen und sich Amüsieren", heißt es wiederum bei Bertolt Brecht. „Das erstere mag nützlich sein, aber nur das letztere ist angenehm." Wir glauben (und erleben), dass der Gegensatz zwischen Lernen und sich Amüsieren (etwas Erleben) kein naturnotwendiger ist und dass es **lustvolles, fröhliches und stärkendes Lernen** gibt. Gäbe es solches Lernen nicht, dann wären Seminare wohl nur in ganz geringem Maße und mit ungeheurer Anstrengung (nicht zuletzt vonseiten der Lernenden) in der Lage zu lehren.

Menschen amüsieren sich nur dort, wo sie sich wohl fühlen. Unwohlgefühl hemmt das Vergnügen, gehemmtes Vergnügen und gestörtes Wohlfühlen hemmen das Lernen. Wenn das Lernseminar also gute Ergebnisse bringen soll, muss es unterhaltsam sein. Bloß ist die Unterhaltung, die aus komplexem Denken zu gewinnen ist, eine andere, als die, die im Staunen, sich Gruseln und im erleichterten Empfangen von einfachen Lösungen zu finden ist.

„Theater bleibt Theater, auch wenn es Lehrtheater ist, und soweit es gutes Theater ist, ist es amüsant." Was allerdings sein kann, ist, dass es für lernende, wissensdurstige, handlungsfreudige und lösungsorientierte Menschen andere Formen der Unterhaltung gibt als für jene, die ein Seminar besuchen, um dort einfache und möglichst umfassend anwendbare Antworten zu bekommen.

Beide Ziele sind übrigens zu respektieren und nicht eines ist automatisch besser oder edler als das andere. Wir müssen nur wissen, womit wir es zu tun haben.

Solche **neuen Unterhaltungsformen für neues Lernen** zu finden ist eine interessante Aufgabe. Es erfordert TrainerInnen und GruppenleiterInnen, die in der Lage sind, sich ihren eigenen Antworten und Modellen beobachtend gegenüberzustellen und sie darauf zu überprüfen, ob sie ihren KundInnen dabei helfen werden, sich und ihre Umwelt nachhaltig zu verändern. Auch noch nach dem Seminar, wenn sie nicht mehr von einer Trainerin und einer Gruppe begleitet werden und von einer Mauer springen können, am nächsten Montag und Dienstag und Mittwoch und Donnerstag und Freitag, im Jänner und Februar und März und April und ...

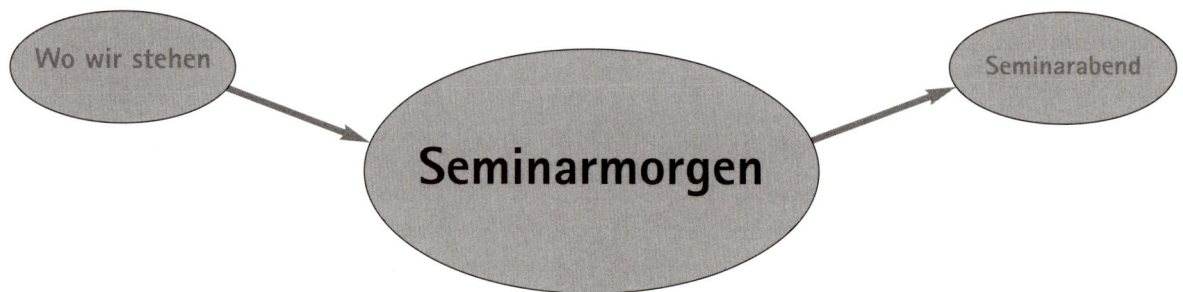

Wo wir stehen → **Seminarmorgen** → Seminarabend

KARIN EICHHORN-THANHOFFER

In dreieinhalb Stunden beginnt das Seminar. Ich bin wirklich früh auf. Nicht unbedingt deshalb, eher weil ich jeden Tag früh aufstehe. Ich habe mir sogar überlegt, wegen des Seminars heute nicht so früh aufzustehen, länger zu schlafen, mir etwas zu gönnen. Eine zusätzliche Stunde im Bett. Aber das ist mir dann auch nicht richtig vorgekommen. Schließlich ist das Seminar meine Arbeit und nicht etwas, für das ich mich extra schonen muss. Allerdings: ausgeschlafen ist es schon besser. Na ja, halbwegs bin ich das ja, nach der Dusche bin ich dann sicher noch ein bisschen wacher.

Jetzt habe ich Zeit genug für alles: Noch ein bisschen herumkramen, frühstücken, mich anziehen, noch einmal kramen, dann zum Seminar fahren. Den Raum habe ich schon am Abend hergerichtet. Das mag ich, wenn das möglich ist, dass ich nicht in der Früh mit dem Möblieren anfangen und vielleicht noch Tische rücken und Pinnwände tragen muss.

Ich werde vor den TeilnehmerInnen da sein, aber nicht viel früher. Ich kenne sie, nicht in dieser Zusammensetzung, aber einzeln aus anderen Seminaren und Projekten. Wir sind einander vertraut, und ich muss mich nicht sehr lange auf sie einstellen. Wenn ich das müsste, würde ich viel früher dort sein. Erstens weil ich gern alle ankommen sehe, zweitens weil ich meinen Seminarplatz vor den anderen besetzen will. Ich mag gern mit dem Raum und dem Thema identifiziert werden, von Anfang an. *Mein* Seminarraum ist wie ein Territorium, das ich besetzt halte und auf dem allen Ankommenden deutlich sein soll: Sie gehört da her. Ich will von Beginn an bestimmen, wie mit dem Raum umgegangen wird. Ich gehöre zu den feststehenden Bedingungen des Seminars.

Meine Vorbereitung für den Tag liegt im Seminarraum. Ich werde, sobald ich angekommen bin, noch einmal hineinschauen, wiederholen, was ich mir für den Anfang vorgenommen habe. Ich kann nicht den Verlauf des ganzen Tages auswendig hersagen, aber wenn ich meine Vorbereitung lese, werde ich wissen, was ich mir vorgenommen habe.
Alle Unterlagen für die TeilnehmerInnen liegen kopiert bereit, nach Einsatzzeitpunkt gestapelt. Der Moderationskoffer ist kontrolliert, ich habe alle anderen Instrumente – Scheren, Klebstoff, farbiges Papier – die ich während des Tages brau-

chen werde, hergerichtet. Zwanghaft ordentlich? Ja, ein bisschen schon, weil es mir gut tut. Heute früh will ich an möglichst wenig denken müssen, da soll alles wie auf Schienen laufen. Ich denke nicht einmal besonders viel an den Tag, der vor mir liegt, obwohl ich dieses Training mit diesem speziellen Inhalt noch nie gehalten habe. Heute ist das erste Mal, eine Serie von drei oder vier Wiederholungen wird sich anschließen.

Heute Früh bin ich auf diese ganz spezielle Art leer, wie ich es vor Seminaren meistens bin. Keine neuen Reize sollen mich irritieren und das Vorbereitete wird mich führen, ohne dass ich mich damit noch sehr auseinandersetzen muss. Ich halte mich durch eine innere Hohlheit für das frei, was in ein paar Stunden beginnen wird. Ich will nicht einmal Zeitung lesen und auch keine besonders interessanten Gespräche führen. Am liebsten alles so wie immer und in geregelten Bahnen. Frühstück konversationsarm. Anreise unkompliziert. Vor Ort alles bereit. Wenn es so ist, ist es am besten.

Dann werden die Menschen kommen, die den Tag mit mir verbringen. Ich weiß, dass einige kommen, weil sie müssen, und weil ihnen nicht rechtzeitig eingefallen ist, warum sie berechtigterweise verhindert sein könnten. Manche werden denken, sie könnten mit dem Tag etwas Vernünftigeres anfangen, als mit mir in diesem Seminar zu sein.
Manchmal habe ich immer noch Lust, sie davon zu überzeugen, dass es gar nichts Besseres geben könnte. Allerdings bin ich mir da nicht mehr immer so ganz sicher. Wie kann ich mir auch anmaßen, ihre Wertigkeiten anzuzweifeln? Ich wünsche mir aber immer noch, dass sie am Abend sagen werden, dass es sich gelohnt hat.

Wie viel kann ich dazu beitragen? Einen Teil bestimmt, meinen Teil, aber ob sie wirklich die richtigen TeilnehmerInnen zum richtigen Zeitpunkt sind, ob das Thema wirklich das ist, was sie gerade brauchen, ob die Aspekte, die ich herausgesucht habe, sich mit dem decken, was ihnen weiterhilft, ob sie tatsächlich in der Lage sind, darin etwas zu finden, was sie berührt, das entzieht sich mir über weite Teile.
Werden sie etwas lernen? Werden sie nachher etwas anders machen? Werden sie etwas aus dem Seminar schon morgen in ihren Büros anwenden? Ich werde das nicht entscheiden. Höchstens anregen, bestenfalls neugierig darauf machen, vielleicht einen Zugang öffnen. Ist das genug? Jedenfalls wird es alles sein, was ich tun kann.

Es wird auch jemand kommen, den ich nicht besonders gern mag. Von all den Menschen, die mir unangenehm sind, kommen auch manchmal welche in ein Seminar. Von allen Menschen, die anderen unangenehm sind, ist manchmal auch einer ein Trainer oder eine Trainerin. Wir müssen das wohl beidseitig aushalten. Da ist es gut, dass das Training in der Gruppe stattfindet, da wird die Abneigung verdünnt. In der Pause müssen wir ja nicht unbedingt Seite an Seite unseren Kaffee trinken. Und wenn es mir angenehmer ist, schwänze ich einfach das Mittagessen, dann komme ich um die Pflichtkonversation herum.

Darf ich so etwas überhaupt denken? Ist es professionell, mir solche Gefühle zu erlauben?

Ich glaube, dass ich es mir eingestehen muss und dass ich mit meinen Grenzen der Zuneigung auch im Seminar umgehen muss. Ich werde den Tag gestalten und das Seminar gut leiten. Meinen Auftrag werde ich erfüllen, die Sympathie aller TeilnehmerInnen werde ich aber nicht unbedingt haben und alle TeilnehmerInnen nicht meine. Schlimm? Nicht sehr, so lange unterm Strich eine solide Sympathie-Mehrheit herauskommt. Und das war noch immer so. Heute wird es also nicht anders sein.

Und dass in der Gruppe nicht alle einander sympathisch sein werden, heißt ja noch nicht, dass wir nicht gut miteinander arbeiten können. Wenn ich jemanden nicht zur Freundin wählen würde, würden wir einander sonst wo im Leben begegnen, kann ich doch würdigen, was die Person für die gemeinsame Arbeit mitbringt. Und das ist gut und ausreichend als Basis für die gemeinsame Zeit.

Jetzt ist es eine halbe Stunde später als zu Beginn dieses Textes. War ich zuvor noch müde und ein bisschen unwillig, beginne ich mich jetzt auf den Tag zu freuen. Ich habe mir eine neue Methode ausgedacht und bin gespannt, wie sie funktioniert. Es kommen ein paar TeilnehmerInnen, die ich sehr mag, lustige Leute, wir werden etwas zu lachen haben. Ich habe auch ein Referat vorbereitet, ganz gut, denke ich, übersichtlich und mit vielen Informationen.

Ich freu mich drauf, meine Kompetenz ausspielen zu können. Schließlich ist es meine Bühne, und wenn ich nicht gern auftreten würde, wäre ich wohl nicht Trainerin geworden, jedenfalls sicher nicht geblieben. Das muss furchtbar sein, da vorn stehen und das gar nicht gern wollen. In der Auslage stehen wider Willen, das ist wirklich eine hässliche Vorstellung. Aber zum Glück ist das bei mir nicht so. Ich mag den Platz da vorn und dass sie mir zuhören werden und mich fragen und auch ein wenig provozieren da und dort. Ich werde schon zurückschauen und -fragen und -provozieren.

„Wenn es gutes Theater ist, unterhält es die Menschen, obwohl sie dort etwas lernen", sagte Bertolt Brecht. Nicht, dass ich den Unterschied zwischen Theater und Seminar verwischen wollte, dazu liegt mir beides zu sehr am Herzen, aber das weiß ich: Wenn es ein gutes Seminar ist, dann unterhält es die Menschen. Auch mich. Den Anspruch habe ich.

Geht's los? Ja.

Seminarmorgen → **Seminarabend** → Ein Brief zum Schluss

Karin Eichhorn-Thanhoffer

Zufrieden? Ja und nein. Der Tag ist gut vergangen, die TeilnehmerInnen haben sich zufrieden geäußert. Freundliche Gesichter beim Weggehen und ein paar Vereinbarungen über nachfolgende Kontakte. Solide Arbeit, kein Feuerwerk.

Mir wäre es lieber gewesen, wenn sie mehr eigene Wünsche mitgebracht hätten, mehr von mir verlangt und gewollt hätten. Ich wäre so gern auf konkrete Beispiele und Fragen eingegangen, viel lieber, als mein vorbereitetes Programm durchzuspielen. So haben sie sich mit dem beschäftigt, von dem ich angenommen habe, dass es sie interessiert und dass sie es brauchen können.

Aber können sie es wirklich brauchen? So gern würde ich in ihre Köpfe schauen und herausfinden, was sie sich dazu denken. Sie sagen mir: „Es war interessant!" Einer sogar: „Mir hat es total getaugt."

Ein Teil von mir hört das gern, der andere befürchtet gleichzeitig Folgenlosigkeit im Alltag. Und ich möchte doch so gern zu etwas Neuem beitragen, und zwar schnell, nicht irgendwann, in drei Jahren hören, dass einmal jemand etwas gemacht hat, weil er zuvor bei mir im Semi-nar mit einem neuen Gedanken in Berührung gekommen ist, mit einem Impuls zum Handeln.

Da denke ich mir manchmal, die externen TrainerInnen haben es leichter. Die holen sich ein – siehe oben – positives Feedback ab und schicken ihre Honorarnote und machen das nächste Seminar in der nächsten Organisation.
Ich muss dableiben und oft zuschauen, wie nach dem Seminar nichts passiert oder (zu) wenig. Und muss mich fragen, ob das mit mir zu tun hat und mit meiner Themenauswahl und mit meinem Vortrag.

Seminarende ist nicht Sorgenende für mich als interne Trainerin und Beraterin. Wenn es bis zum Schluss gut gelaufen ist, ist nur eines erledigt, das Nächste beginnt erst. Ich fühle mich mittlerweile viel mehr an dem gemessen, was nach dem Seminar in der Umsetzung passiert. Doch dort habe ich kaum noch Gestaltungsmöglichkeiten, außer dem Anbieten von Unterstützung und Begleitung. Höchstens. Für den Rest bin ich mit meiner Zufriedenheit abhängig von denen, die in meinem Seminar waren, und von ihren KollegInnen und MitarbeiterInnen und

137

ChefInnen und KundInnen. Dort sind meine Möglichkeiten beschränkt.

Düstere Gedanken? Nicht ganz so schlimm. Ich weiß es ja jetzt schon, aber es macht mich immer noch nachdenklich und vor allem relativiert es die Zufriedenheit mit dem Ergebnis.

Allerdings gibt es auch uneingeschränkt Positives zu berichten: Eine neue Methode hat gut funktioniert und ich bin beim Anwenden sogar auf Aspekte gestoßen, die mir zuerst nicht bewusst waren. Das nächste Mal kann ich sie gezielter und noch besser einsetzen. Mein Zeitplan war auch in Ordnung. Bis auf eine kleine Einheit am Schluss, zu der wir nur mehr in Ansätzen gekommen sind und die ich rasch modifizieren musste, haben wir alles geschafft.

Und mit dem Teilnehmer, der mir nicht so sympathisch ist, habe ich beim Mittagessen an einem Tisch gesessen. Nur er und ich, das ist so passiert. Wir haben uns beim Essen unterhalten und es war in Ordnung. Ich hab auch genau hingeschaut und gefunden, dass er gar nicht so unangenehm anzuschauen ist. Jetzt könnte ich gar nicht mehr sagen, dass ich ihn deutlich weniger mag als die anderen.

Am Nachmittag war er dann aktiv und wirkte besser integriert als am Vormittag. Oder habe ich mir das nur eingebildet? Und wenn ja, spielt das eine Rolle?

Nach dem Seminar war ich mit drei TeilnehmerInnen noch was trinken. Natürlich ist es im Thema weitergegangen, und Fragen, die mir während des Tages nicht gestellt wurden, sind aufgetaucht. Ich konnte mich nicht zurückhalten, einfach ein paar Tipps zu geben. Da hätte ich allerdings gleich wissen können, dass das nicht funktioniert. Bei jeder einzelnen meiner guten Ideen hab ich mir dann erklären lassen müssen, warum das in diesem speziellen Fall einfach nicht klappen kann. Leider. Ob ich nicht noch was anderes wüsste?
Nach ein paar Schlagabtäuschen bin ich dann draufgekommen, dass ich wieder einmal nur um Tipps gefragt werde, die den bestehenden Zustand aufrechtzuerhalten helfen. Immer wieder falle ich darauf herein, am allerleichtesten, wenn es mich außerhalb der Arbeit erwischt, wenn ich meinen „Profihut" nicht mehr aufhabe. Also habe ich mich freundlich mit dem Austrinken beschäftigt und bin nach Hause gefahren.

Den ganzen Abend sehr müde und leer im Kopf. Ungeduldig mit meiner Umgebung, die mich auch noch mit einer umfassenden Arbeitsfrage konfrontiert. Unwillig, noch klug sein zu müssen. Kurz angebunden. Bald schlafen. Erst morgen wieder professionell sein.

Gute Nacht.

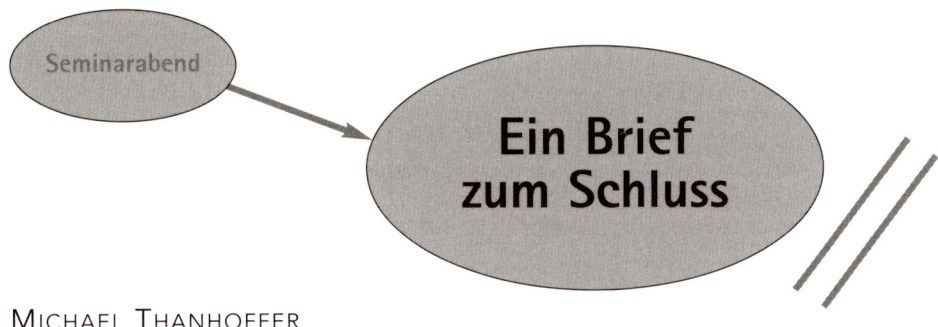

Seminarabend

Ein Brief zum Schluss

MICHAEL THANHOFFER

Liebe Karin,

zum Schluss soll nicht unbeantwortet stehen bleiben, was du über die Nach-Seminar-Gedanken der TrainerInnen schreibst, die von außen in eine Organisation kommen und nach ihrem Training wieder gehen – im Gegensatz zu denen, die in der Organisation arbeiten. Damit kenne ich mich ganz gut aus, und ich kann dir sagen, dass es uns zwar häufig egal sein könnte, was mit den Ergebnissen eines Seminars passiert. Meistens ist es uns aber ganz und gar nicht egal.

Zwar können wir unsere Verantwortung und die der AuftraggeberInnen und der TeilnehmerInnen gut auseinander halten, und wir wissen, dass wir im Transfer, wenn wir nicht dabei sind, nichts mehr bewirken können. Dennoch wünschen wir uns immer wieder, das doch zu können.
Und wir kennen auch die Zweifel an unserer Arbeit und fragen uns auch, ob es an uns liegen kann, wenn nach einem Training so wenig überbleibt oder passiert. Hätten wir es besser gemacht, würde mehr Wirkung sichtbar werden...

Schließlich arbeiten wir beide, du, die „Interne" und ich, der „Externe", sehr intensiv mit den Menschen zusammen, die zu uns in die Seminare kommen, und wir nehmen ihre Ziele und machen sie für die Dauer des Trainings oder der Beratung auch zu unseren. Die Verantwortung, die wir da hineinlegen, lässt sich offenbar danach nicht so leicht an der Garderobe zurücklassen wie einen Schirm, den wir nicht mehr brauchen, weil es zu regnen aufgehört hat.
Unsere Arbeit wirkt nach in unserer Beteiligung an dem, was danach passiert. Bei den internen TrainerInnen und BeraterInnen passiert das oft in unmittelbarem Kontakt mit den Umsetzenden, bei den externen TrainerInnen häufig in losem Kontakt über Erzählungen, Informationen, die irgendwann eintreffen, manchmal nur in unserer Vorstellung: Was die wohl daraus machen?

Zufriedenheit wünschen wir uns alle, und die würde sich nachhaltig einstellen, wenn wir hören: „Jetzt ist bei uns alles anders, und das ist seit Ihrem Seminar so!"

Wir wünschen uns diesen Satz, obwohl wir wissen, dass Veränderung von so vielen Faktoren abhängt und dass die Menschen sich nur von sich aus verändern. Nicht, weil wir etwas getan haben, sondern weil sie sich entscheiden, etwas anders zu machen als bisher. Wenn eine unserer Informationen den entscheidenden Unterschied zwischen vorher und nachher geliefert hat, sind wir zufrieden. Allerdings können wir nie sicher voraussagen, welche Entscheidungshilfen für Veränderung die Menschen brauchen, die mit uns arbeiten.

Also bleibt uns nur, uns um uns selbst zu kümmern und darum, dass wir das Beste tun, was uns in der konkreten Situation möglich ist. Wie sehr unser Bestes mit uns zusammenhängt – mit unseren inneren Bildern vom Ziel und vom Erfolg und mit unserer Vorbereitung – haben wir in diesem Buch zusammengefasst.

Ich glaube, dass wir alle nicht aufhören werden, uns nach der Bestätigung von außen zu sehnen. Es ist bestimmt auch notwendig, dass wir sie neben den anerkennenden Worten von TeilnehmerInnen und VeranstalterInnen weiterhin auch dort suchen, wo sich das Ergebnis unserer Arbeit zeigt: In der Umsetzung in den (Arbeits-)Alltag der Menschen, die in unseren Seminargruppen waren.
Ich glaube aber auch, dass Zufriedenheit in uns selbst zu finden ist, wenn wir wissen, dass wir gut gearbeitet haben, wenn wir spüren, dass wir stark waren und dass wir unseren Beitrag vollständig geleistet haben.

Wenn sich diese Möglichkeit zur Zufriedenheit bei uns und bei unseren LeserInnen nach und nach steigert, haben unsere Überlegungen einen guten Dienst getan.

Michael

Literaturverzeichnis

BAER, ULRICH U. A.: Sag beim Abschied. Spiele, Materialien und Methoden für Schlussphasen in der Gruppenarbeit. Seelze: Kallmeyer 1998.

BATESON, GREGORY: Ökologie des Geistes. Frankfurt/Main: Suhrkamp 7. Aufl. 1999.

BRECHT, BERTOLT: Gesammelte Gedichte. Frankfurt/Main: Suhrkamp 1976.

DERS.: Über experimentelles Theater. Hrsg. v. Werner Hecht. Frankfurt/Main: Suhrkamp 3. Aufl. 1979.

CURIE, EVE: Madame Curie. Eine Biografie. Frankfurt/Main: Fischer 2000.

DE SHAZER, STEVE: Der Dreh. Überraschende Wendungen und Lösungen in der Kurzzeittherapie. Heidelberg: Carl-Auer-Systeme Verlag 1993.

DERS.: Worte waren ursprünglich Zauber. Lösungsorientierte Therapie in Theorie und Praxis. Dortmund: Verlag modernes Lernen 2. Auflage 1998.

DUNBAR, ROBIN: Klatsch und Tratsch. Wie der Mensch zur Sprache fand. München: Bertelsmann 1998.

ELSNER, NORBERT UND LÜER, GERD (HRSG.): Das Gehirn und sein Geist. Göttingen: Wallstein 2. Aufl. 2000.

FELDENKRAIS, MOSHE: Bewusstheit durch Bewegung. Frankfurt/Main: Insel 1995.

FIORE, NEIL: Wenn nicht jetzt, wann dann? So überwinden Sie Ihre „Aufschieberitis". München: mvg 1996.

FREUD, SIGMUND: Gesammelte Werke. Frankfurt/Main: Fischer 1999.

GILLIGAN, STEPHEN: Liebe deinen Nächsten wie dich selbst. Die Psychotherapie der Selbstbeziehung. Heidelberg: Carl-Auer-Systeme 1999.

GRIBBIN, JOHN UND MARY: Richard Feynman. Die Biografie eines Genies. München: Piper 2000.

HARGENS, JÜRGEN: Bitte nicht helfen! Es ist auch so schon schwer genug. (K)ein Selbsthilfebuch. Heidelberg: Carl-Auer-Systeme Verlag 2000.

HERNSTEIN INTERNATIONAL MANAGEMENT INSTITUTE: Mitarbeiterführung – Motivation. Das Problem der Motivation aus systemischer Sicht. Skriptum zum gleichnamigen Seminar. Wien o. J.

HERVE, FLORENCE UND NÖDINGER, INGEBORG: Lexikon der Rebellinnen. München: Econ & List 1999.

HERZBERG, FREDERICK: Was Mitarbeiter wirklich in Schwung bringt. In: Harvard Business Manager 2/1988.

HOOFFACKER, GABRIELE: Wir nutzen Netze. Ein kommunikatives Manifest. Göttingen: Steidl 1995.

KALNINS, MONIKA UND RÖSCHMANN, DORIS: Icebreaker. Wege bahnen für Lernprozesse. Hamburg: Windmühle 2000.

KÖLBL, HERLINDE: Im Schreiben zu Haus. Wie Schriftsteller zu Werke gehen. Fotografien und Gespräche. München: Knesebeck 1998

LESSING, DORIS: Auf der Suche. Eine Dokumentation. Stuttgart: dtv 1986.

MANN, THOMAS: Die Buddenbrooks. Verfall einer Familie. Frankfurt/Main: Fischer 1981.

DERS.: Tagebücher 1918-1955. Hrsg. v. Peter de Mendelssohn und Inge Jens. Frankfurt/Main: Fischer 1997.

MATURANA, HUMBERTO J. UND VARELA, FRANCISCO J.: Der Baum der Erkenntnis. Die biologischen Wurzeln des menschlichen Erkennens. München: Goldmann o. J.

NESTROY, JOHANN NEPOMUK: Komödien. Hrsg. v. Franz H. Mautner. Frankfurt/Main: Insel 1995.

PETER, LAURENCE J. UND HULL, RAYMOND: Das Peter-Prinzip oder Die Hierarchie der Unfähigen. Reinbek: Rowohlt 1972.

ROSEN, SIDNEY (HRSG.): Die Lehrgeschichten von Milton H. Erickson. Hamburg: iskopress 1990.

SCHULZ VON THUN, FRIEDEMANN: Miteinander reden. Teil 3. Das „innere Team" und situationsgerechte Kommunikation. Reinbek: Rowohlt 1998.

SIBERNAGL, STEFAN UND DESPOPOULOS, AGAMEMNON: Taschenatlas der Physiologie. München: dtv 4. Aufl. 1991.

SPRENGER, REINHART K.: Mythos Motivation. Wege aus der Sackgasse. Frankfurt: Campus 15. Aufl. 1998.

VARGA VON KIBÉD, MATTHIAS UND SPARRER, INSA: Ganz im Gegenteil. Tetralemmaarbeit und andere Grundformen Systemischer Strukturaufstellungen für Querdenker und solche, die es werden wollen. Heidelberg: Carl-Auer-Systeme 2000.

VON FÖRSTER, HEINZ UND PÖRKSEN, BERNHARD: Wahrheit ist die Erfindung eines Lügners. Gespräche für Skeptiker. Heidelberg: Carl-Auer-Systeme 1998.

DERS., HEINZ: Der Anfang von Himmel und Erde hat keinen Namen. Eine Selbstschaffung in 7 Tagen. Hrsg. v. Albert Müller und Karl H. Müller. Wien: Döcker 2. Aufl. 1999.

WALTER, JOHN L. UND PELLER, JANE E.: Lösungs-orientierte Kurztherapie. Ein Lehr- und Lernbuch. Dortmund: Verlag modernes Lernen 3. Aufl. 1996.

WATZLAWICK, PAUL: Vom Schlechten des Guten oder Hekates Lösungen. München: Piper 1997.

ZERLAUTH, THOMAS: Sport im State of Excellence. Mit NLP & mentalen Techniken zu sportlichen Höchstleistungen. Paderborn: Junfermann 1996.

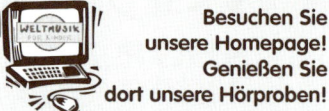